強くなるコアトレ

ランナーのための
コンディショニング

中長距離・マラソン編

有吉 与志恵 著

はじめに

「強くなるコアトレシリーズ第3弾、ランニング」です。

今、箱根駅伝を見ながら、この原稿を執筆しています。

空前のランニングブームが続いている今、市民ランナーにも国際レベルの選手にも共通することから、それぞれのステージに合わせたコンディショニングまで、しっかりとお届けしたいと思います。

来年は東京2020オリンピック・パラリンピックが開催される年であり、今年はその予選が行われます。出場を目指す方々が、そのレースに万全の態勢で臨めることを心から願います。

一方、多くの市民ランナーは、美と健康のために走っているはずですが、そのためのランニングとは、距離を走ることでも速く走ることでもありません。レース参加のペースなどについても、知識をきちんともっていただきたいと願います。

距離という魔物

距離を走ればいいというものではありません。目指すは故障しない身体（からだ）づくりです。

ここ数年、「U18長距離女子オリンピック強化合宿」のコンディショニング講師を続け、九州の高校の長距離合宿のコンディショニング講師、また市民ランナーのチームの指導などを行ってきました。そこで一番感じるのは、疲労が回復しないまま、たくさんの距離を走るランナーがとても多いことです。

私自身も、陸上競技を故障で断念した経験をもっています。あの頃のことを思い出すと、今でも胸が痛くなります。完全なオーバーワーク（練習しすぎ）による故障でした。

ランナーの多くは、月間の走行距離で自分の練習をはかります。どんなときにも、朝練を行ないます。合宿になると、日に3回の練習はあたりまえです。

さまざまなメディアを通して、「月間○○キロを目指しましょう」という情報が、たくさん出ています。市民ランナーでさえ、「今月は○○キロしか走っていない」などと、距離をとても気にします。

走る距離は気にするのに、自分の体調はあまり気にしていないのはなぜでしょうか？筋肉にハリがあったり、身体がだるかったり、重かったりしても、自分に課した距離を走ることを優先していませんか？

その積み重ねが身体の負担となり、疲労が蓄積されていきます。疲労の状態は、「筋肉にハリがある」「身体のだるさ・重さ」「寝ても朝、疲れがとれていない」「夜中に目覚める」「寝つきが悪い」「食欲が落ちた」「便通が悪い（下痢、便秘）」など、さまざまです。

それでも無理して走る（本人としては頑張っている）と状態が悪化し、もっと重篤な症状が現れます。それが故障です。疲労骨折、靭帯損傷、筋肉の挫滅、貧血、内臓疲労、女子選手の月経異常が、その代表です。

長距離選手の合宿に参加して思うこと。何のための練習なのか、どうすれば強くなるのか

毎年、8月のインターハイ終了後にU18オリンピック強化合宿が開催されます。インターハイ入賞者や強豪校の選手を集めて行うものです。

選手たちは他校の選手との練習とあって、意欲満々で参加します。まさに試合の状態であり、どの練習も全力で、相手よりも1歩でも速くという意気込みで走っています。

そんな選手の姿は、自分の昔と重なります。

「練習は裏切らない」

私もよく使っていた言葉ですが、実はそんなことは幻想です。

「練習は、間違うと、簡単に裏切ります」

運動原理は科学で証明されていますが、その科学は選手たちには届きません。彼らが原理原則を知って練習することはなく、その結果、悲劇につながります。

補強のトレーニングは、練習で酷使した筋肉を再度酷使することになります。それはオーバーワークにつながり、悲劇への道をさらに加速してしまうのです。

ごく一部を除けば、指導者は、自分が昔走っていた方ばかりです。昔の自分が経験

した練習を繰り返し、現在も行っているというのが現状のようです。

箱根駅伝の中継を見ていると、故障のニュースが、たくさん飛び込んできます。今の大学は、素晴らしい練習環境を持っていたり、医科学研究所のような施設があったり、高地トレーニングが大学内でできたりします。毎月の血液検査の実施など、ケア体制は、私の時代とは比べ物にならないほど、進んでいるように見えます。しかし、環境を使いこなせていないのか、故障は、依然としてなくなりません。

「運動選手に故障はつきもの、それを乗り越えて強くなる」との声が聞こえそうですが、私は違うと思います。故障しないトレーニングと、その情報が大切なのです。

故障が多い選手に対しては、自己管理や自覚が足りないといった言葉でかたづけられることが多いようです。その故障がなぜ起こるのかの仕組みや自己管理の方法こそが、わかりやすい情報として、選手もしくは指導者に届けたい科学なのです。

どうすれば故障が減るのか、どうすれば強くなるのか、そんな情報を満載にしたいと考えています。

選手も学ぶ時代なのです。

市民ランナーに思うこと。健康づくりのためにコンディショニングを考えて

あなたは、そのランニングで健康になりたいのではありませんか？

私は市民ランナーの練習とコンディショニングを10年以上見ています。最初はフルマラソンを完走できなかった人が、次々と完走できるようになりました。

レースの後の高揚感は、気持ちがとてもいいものです。

達成感の心地よさ、太らなくなったこと、強くなった気がすること、走る楽しさなど、その要因はさまざまですが、どれも自分を信じられるとの自己肯定感の心理状態にあります。

これが練習の習慣化といういい状態にもつながるのですが、高じると、「走らないといけない」という強迫観念に陥ります。選手が休むと力が落ちそうで怖い感覚と同じです。

また、完走した高揚感が高じると、レースを毎月こなす、2週続けてフルマラソンに出場など、陸上関係者もびっくりするレーススケジュールをこなしていきます。

こんな方には、「あなたは、何のために走っているのですか?」と聞きます。健康のために走っているのに、回復を待たずしてまたレースに出るのは無謀な挑戦です。

フルマラソン後の身体のダメージは、筋肉、皮膚、爪そして内臓にまで及びます。

筋肉については、痛みを伴いますので本人が体感できます。皮膚については、「マメ」、マメやぶれ、こすれによるヒリヒリした痛みが生じ、爪については、血マメのようになります。どれも回復には数週間かかります。実質的に走れない状態になることもありますが、我慢して練習する人も多いようです。

内臓疲労については、目には見えませんが、消化吸収機能低下、肝機能の低下、副腎の疲労などが起き、食不振、睡眠障害、免疫力低下などの自覚症状が出ます。この回復には半年以上が必要とされます。本来は、血液検査を経て内臓の回復を調べ、練習を開始する時期や練習量などを決めるのが理想です。

しかし、筋肉が回復していなくても練習する、痛い爪を我慢して練習する、内臓のことなどはあまり考えない、そんな人がほとんどです。

市民ランナーには、健康づくりを最大の目標にしてほしいのです。

走ったあとは気持ちがいい、日常生活にもハリが出る、やる気、集中力、気力が満ちあふれるなど、走ることが生活を活性化するものであってほしいのです。

スポーツ愛好家には、週末にプレーを思いきり楽しみ、月曜日には使い物にならなくなることがよくありますが、これは本末転倒なのではないかと思います。

つまり、市民ランナーには、レースやレース仲間とのコミュニケーションを楽しみ、人生を楽しんでほしいのです。

無理を重ねると、関節の変形症、骨粗鬆症、内臓の疾患を晩年に発症することになります。ところが、自分で走っていたことを忘れ、それが原因とは考えずに、加齢のせいだと諦めてしまうのです。そんなことにならないように、練習の仕方や体調の整え方を満載にしたいと思います。

コンディショニングの考え方

～モニタリングからコンディショニングの実践まで～
「どうなりたいか」——目指す走りに近づくために

改善ポイントを見極める

モニタリングにはランニング時や日常生活での姿勢や動きのクセが現れる。改善箇所と取り組むメニューを以下の要素から見極める（P024 参照）

- 歪みから選ぶ
- 走りのクセ、痛みや疲れやすさから選ぶ
- なりたい動きから選ぶ

Monitoring

モニタリング

自分の身体を観察

身体を観察しクセを見つける。コンディショニング後の変化を感じることにもつながる

動きやすくなったことを実感する

リセットとアクティブ、2つのコンディショニングを行ったあとで、もう一度モニタリングをする

身体が変われば、動きも必ず変わってきます

なぜ、イメージしている動きができないのでしょうか。なぜ、思うようにスピードが出ないのでしょうか、走り続けられないのでしょうか。それは、自分の身体をわかっていないからです。この本はそれを解き明かします。

動きやすくなった部分を「使える状態」に

リセットして、あるべき状態に戻った筋肉や骨格でも、そのままでは再び同じクセが戻ってしまう。きちんと使える状態にする再教育が必要となる

Active Conditioning

アクティブコンディショニング

筋肉と骨格に正しい動きを取り戻す

使えていない筋肉を使えるようにする。使えていない筋肉は反応が悪いため、再教育が必要。リセットコンディショニングとアクティブコンディショニングは必ずセットで行う

Reset Conditioning

リセットコンディショニング

骨格と筋肉を理想の状態に戻す

使いすぎた筋肉は硬くなり、その反対側の筋肉は使えなくなっている。リセットコンディショニングは、筋肉のバランスを取り戻し、筋肉のハリをとって弾力を取り戻し、骨格をあるべき状態に戻す

「ランナーのためのコンディショニング」

目次　CONTENTS

＜コラム＞

装丁・デザイン／1108GRAPHICS
写真／馬場高志・Getty Images
イラスト／田中祐子・齊藤　恵
編集協力／長沢　潤・関　孝伸・中谷希帆

第1章

姿勢が変われば走りが変わる

About Run

1

「走る」という動き

——筋バランスと歪み——

「走る」動きは、人間が物心つく前に習得する動作のひとつです。つまり、「誰からも教えてもらったことがない動作」なのです。

「呼吸する」、「座る」、「立つ」、「歩く」、「走る」の動作はどれも、コンディショニングで再教育する余地が大きい動作と考えられます。どれもちゃんと教えてもらっていないため、もっといい動き方があるのです。

走りは全身運動です。地面を蹴った力が、「膝→股関節→骨盤→背骨→肩甲骨→肩・腕→首・頭」へと伝わる過程において、身体全部の筋肉を連動させ、前へ進むのです。

長く走っていると、これらの筋肉の使い方にクセが出てきます。第2章で説明しますが、筋肉には動き方に法則があり、同じ動作の繰り返しは筋肉どうしのアンバランスを招きます。

そして、このアンバランスが姿勢の歪みを招きます。故障した選手の身体は歪みが大きくなっているケースがとても多くなっているようです。

▼「走り」の正しい動きを習得していないと…

About Run

2 長距離走と筋肉の働き

長距離走に必要な筋肉は、長い時間の走りに耐えられる筋肉です。

下のように、筋肉には3種類あります。

長距離走には、「大きな力は出ないが、長時間働く」筋肉が使われます。遅筋です。この筋肉は、エネルギー源（グリーコーゲンと脂質）と酸素で動きます。ランニングが有酸素運動といわれるのは、このためです。

この筋肉を育てるには、長時間の運動を繰り返します。遅筋繊維をトレーニングして毛細血管を増やし、筋肉へ送るエネルギー源を燃やし続けることが必要になります。トレーニングによって、遅筋繊維は微細に破壊され、これを修復することで、筋肉の力をつけていきます。筋繊維内に毛細血管が増え、エネルギー効率を上げてくれます。

この繰り返しが有酸素運動能力を上げるトレーニ

▼遅筋と速筋の違い

筋肉の種類	得意な運動	種目の適性
白筋（速筋＝FG）	無酸素運動	短距離走
中間筋（FOG）	無酸素運動＋有酸素運動	中距離走
赤筋（遅筋＝ST）	有酸素運動	長距離走

使わないと毛細血管が減る ⇔

遅筋
（持久力）
使うと毛細血管が増える
＝
栄養・酸素の供給が増える

速筋
（瞬発力）
使うと太くなる
＝
筋出力が高まる

⇔ 使わないと細くなる

ングであり、どのくらいのスピードで、どのくらいの距離を走るのかが大切になります

しかし、破壊のほうが上回って、それが回復しないまま練習すると、筋肉が壊されたまま走ることになるため、力がつくどころか故障へとつながるのです。

▼トレーニングによる筋肉の破壊と修復の関係

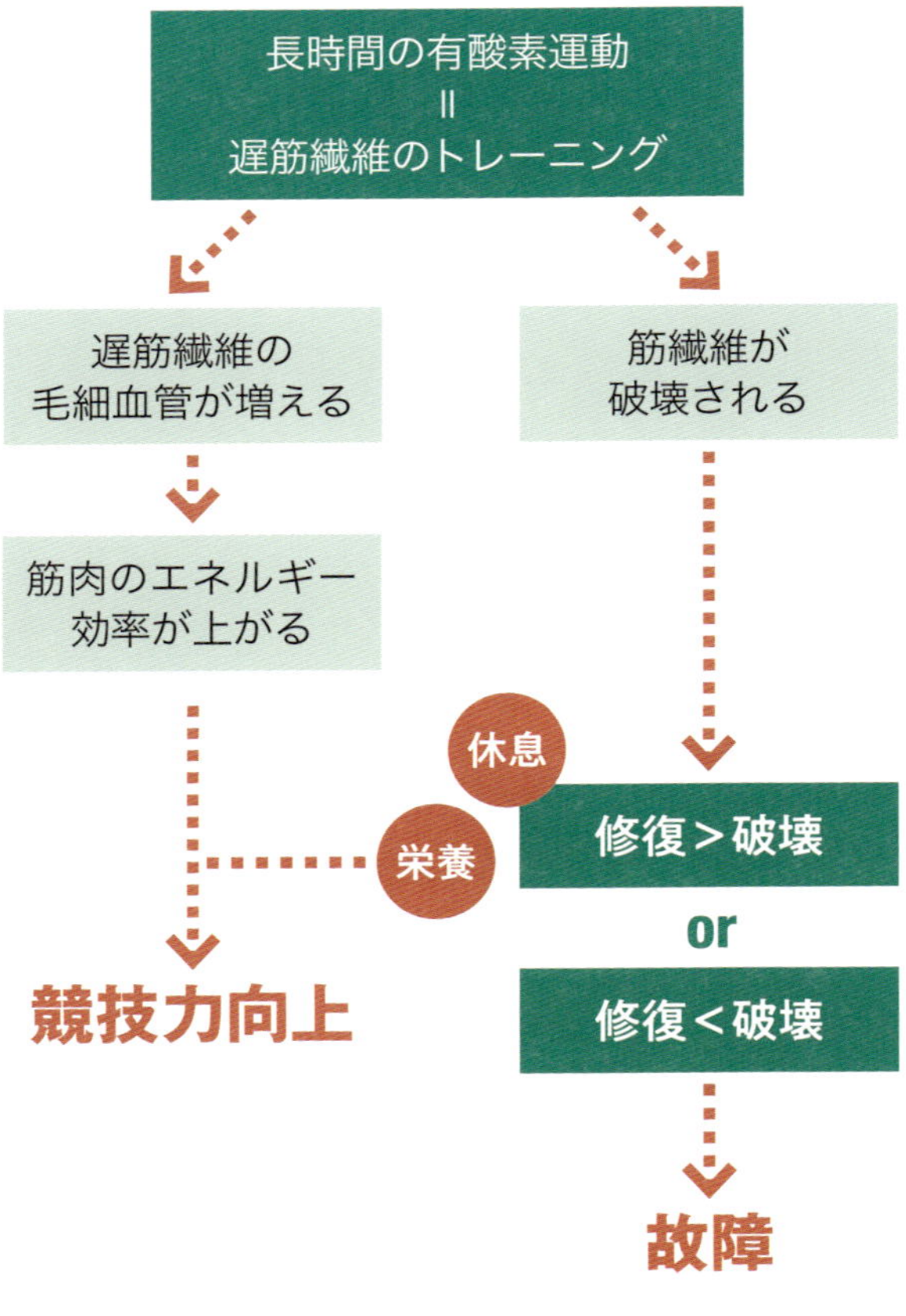

この破壊と修復は、疲労感とその回復で感じとれるはずです。練習と疲労回復の感覚を身につけることが、故障しない身体づくりにつながります。

About Run

3

遅筋をきちんと働かせるためには栄養摂取が大切

長距離走では、筋繊維が微細に壊されます。また、毛細血管が増えて有酸素能力が増す仕組みがあります。壊された筋繊維の修復や毛細血管を増やすために使われる栄養素がたんぱく質です。壊された筋繊維の回復なくして、練習を継続することはできません。練習終了後はたんぱく質をきちんと摂る必要があります。加えて、そのたんぱく質を身体に役に立てるビタミンB6を一緒に摂る必要もあります。

アスリートは体重1キロあたり2グラムのたんぱく質が必要だといわれていましたが、最近の研究では体重1キロあたり3グラム、故障している場合はさらにプラスαのたんぱく質が必要とされています。そして、それをきちんと使うために相応量のビタミンB6が必要になります。

筋肉をきちんと使うためには、エネルギーをたくさん供給する必要があり、その大半は炭水化物です。カーボローディングという言葉を聞いたことがあると思いますが、長距離に必要な炭水化物を確保しようという調整方法です。炭水化物の摂取なくして走ることはできないのです。また、炭水化物の代謝にはビタミンB1が必要ということにも、注意する必要があります。

栄養の摂り方ひとつで有酸素能力は大きく変わります。これが疲労回復の仕組みなのです。

About Run

4

長距離を走るための身体の使い方

―痛いところがいつも一緒のわけ―

効率よく走るには、身体が動く仕組みを知ることが大切です。

「走っていると○○が必ず痛くなります」「○○がすぐに疲れます」と、よく相談されます。

みなさんはいかがですか？　ちなみに痛みが生じる部分としては、

- もも横
- 股関節
- ふくらはぎ
- すね
- アキレス腱
- 膝
- かかと
- 足裏
- 足の甲
- 腰
- 肩甲骨の間
- 背中
- 肩
- 首

こういった箇所が挙げられます。

地面を蹴った力は、「膝→股関節→骨盤→背骨→肩甲骨→肩・腕→首・頭」へと伝わります。走っている最中にある部分が疲れるのは、こうした連動がうまくいかず、使わなくてはいけない筋肉が使われず、働かなくてもいいのに代わりに働く筋肉があるためです。

これを代償動作といいます。それぞれのランナーには、走り方のクセがあり、それが代償動作として現れます。すると、いつも使いすぎる筋肉が身体の中に現れてきます。そして、使いすぎがオーバーワークや故障の原因になってしまうのです。

必ず疲れるところがある人は、どこか筋肉の使い方が間違っていると思ってください。

About Run

5

姿勢が変われば走りが変わる
―もも上げの間違い―

走るという動作を勘違いした結果、使いすぎの筋肉が現れる場合もあります。その代表が「もも上げ」です。陸上競技における代表的なトレーニングです。私の時代にもたくさん行いました。

選手は「ももを上げればいいんだ！」と考えて実行します。しかし、ももを上げると腰が落ちてしまいます。ももを高く上げれば上げるほど腰が落ちるため、指導者は「腰が落ちている」と注意します。すると選手は、上半身で引き上げようとし、腰を反らせたり、肩を上げたりします。

これが、好ましくないクセにつながります。頑張ると、肩が上がる、あごが出るなどの現象です。これは、動きの連動を指導者が知らず、できていない見た目を指摘するだけで、どうすればできるようになるかを伝えなかった結果です。

日本人の筋肉特性としては、関節を曲げる屈筋群が優位です。ももを上げると、胴体が曲がり、腰が落ちるのはあたりまえの身体の使い方なのです。

ももを上げるには、上げている脚ではなく、「地面を蹴っている脚」が大切です。地面を強くきちんと蹴ること、つまり地面を押すことによって、反対の脚に力が伝わり、ももが自然と上へ前へ出されて推進力になるのです。これならば腰は落ちません。

▼ももを上げる（右）より蹴り足で押す（左）

About Run

6

姿勢が変われば走りが変わる
―股関節の使い方―

間違ったもも上げは、股関節を硬くしてしまいます。走る動作を「ももを上げる動き」と誤解し、「股関節を曲げる」動きがインプットされます。そうなると、股関節の屈曲に働く筋肉の働きが亢進（働きすぎの状態）し、硬くなっていきます。

すると、その反対側にある、股関節を伸ばす筋肉（もも裏の筋肉）が働かなくなり、こちらも硬くなります。これが股関節の硬さにつながるのですが、陸上選手のもも裏が硬いのもこのせいです。もも裏

を使えていないから硬いのです。

筋肉の働きすぎと働かない筋肉は、関節の柔軟性に影響します。

関節には、対（つい）になる筋肉が必ず存在します。一方を使いすぎると、反対側の筋肉は使えなくなり、双方の筋肉が硬くなります。これは主動筋と拮抗筋の筋肉の関係です。

そして、その関係が姿勢の歪みや、関節の動きの悪さ（硬さ）につながります。コンディショニングでは、姿勢の歪みを見て、筋バランスを分析します。そして、筋バランスを整え、関節が動きやすくなるようにしていきます。

関節の可動域が大きいことがすなわち柔軟性が高くていいことだと思い込んでいると、その改善をストレッチに任せがちですが、それだけでは動きはよくなりません。

本書で紹介するコンディショニングに取り組むことで、走りやすい動きを手に入れてほしいと思います。

この本の活用方法

どうなりたいのか　どう動きたいのか

思い描く走りができていないとしても、走っている最中に、修正することはできません。

▼

なぜそれができないのか

思い描くように走れないのは、筋肉がバランスの崩れた状態になっているため。それが**「姿勢の歪み」**になり、**「走りのクセ」**や**「痛みや疲れやすさ」**となって現れます。そうした状態が、自分の身体や動きを感じられなくしているのです。

▼

リセットとアクティブ 2つのコンディショニングに取り組む！

筋肉のバランスの崩れを 18 項目の**モニタリング**（P048 ～ 059 ＝左の A）で確認し、その上で関節ごとに分けたパートの冒頭ページ（右の B）に進んでください。

「姿勢の歪み」は**モニタリング**で見つけ

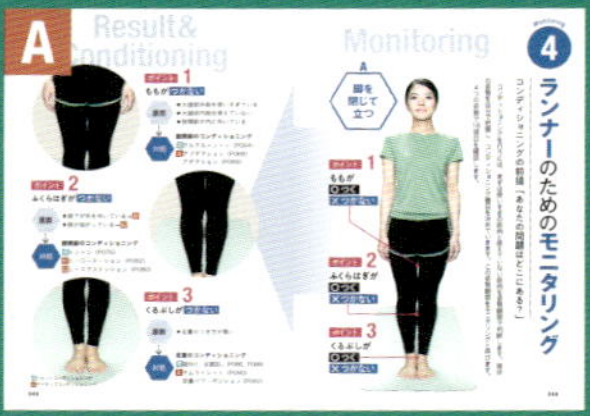

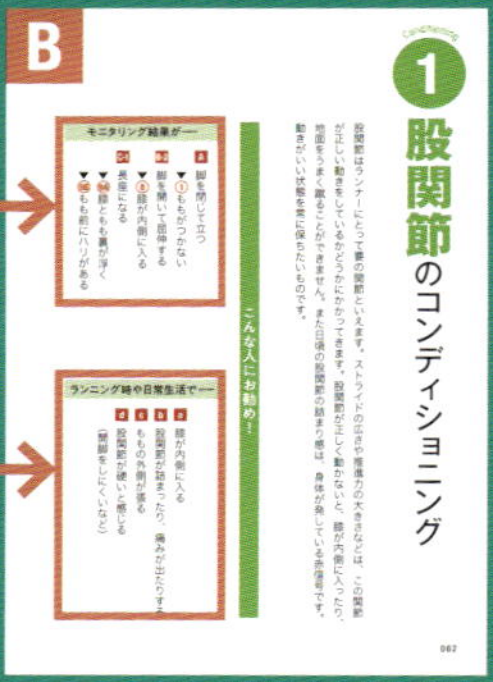

「走りのクセ」「痛みや疲れやすさ」の当てはまる項目をさがし該当する**コンディショニング**に取り組むことで改善できます。

▼

いい走りをイメージして実行する

いい走りを具体的にイメージし、実行しましょう。身体の状態が改善され、自然に思い通りに動くようになったことを実感してください。それは、自分の身体がわかるようになったということ。コンディショニングはそのためにあります。

第2章

知っておきたい
筋肉の話

About Muscle 1

筋肉が働く仕組み

筋肉の働きには、いくつかの仕組みがあります。その仕組みをうまく利用すると、筋肉の反応が高まり、良質の筋肉ができあがります。

　いくつかご紹介しましょう。

①相反性の反射

関節を動かす筋肉には、ひとつの関節に必ず対になる筋肉があります。

　専門用語でいうと「主動筋」と「拮抗筋」です。例えば、肘を曲げる筋肉は上腕二頭筋で、これが主動筋であり、拮抗筋は上腕三頭筋です。

　関節が動くときに、片方の筋肉が縮んで筋力を発揮すると、反対の筋肉は引き伸ば

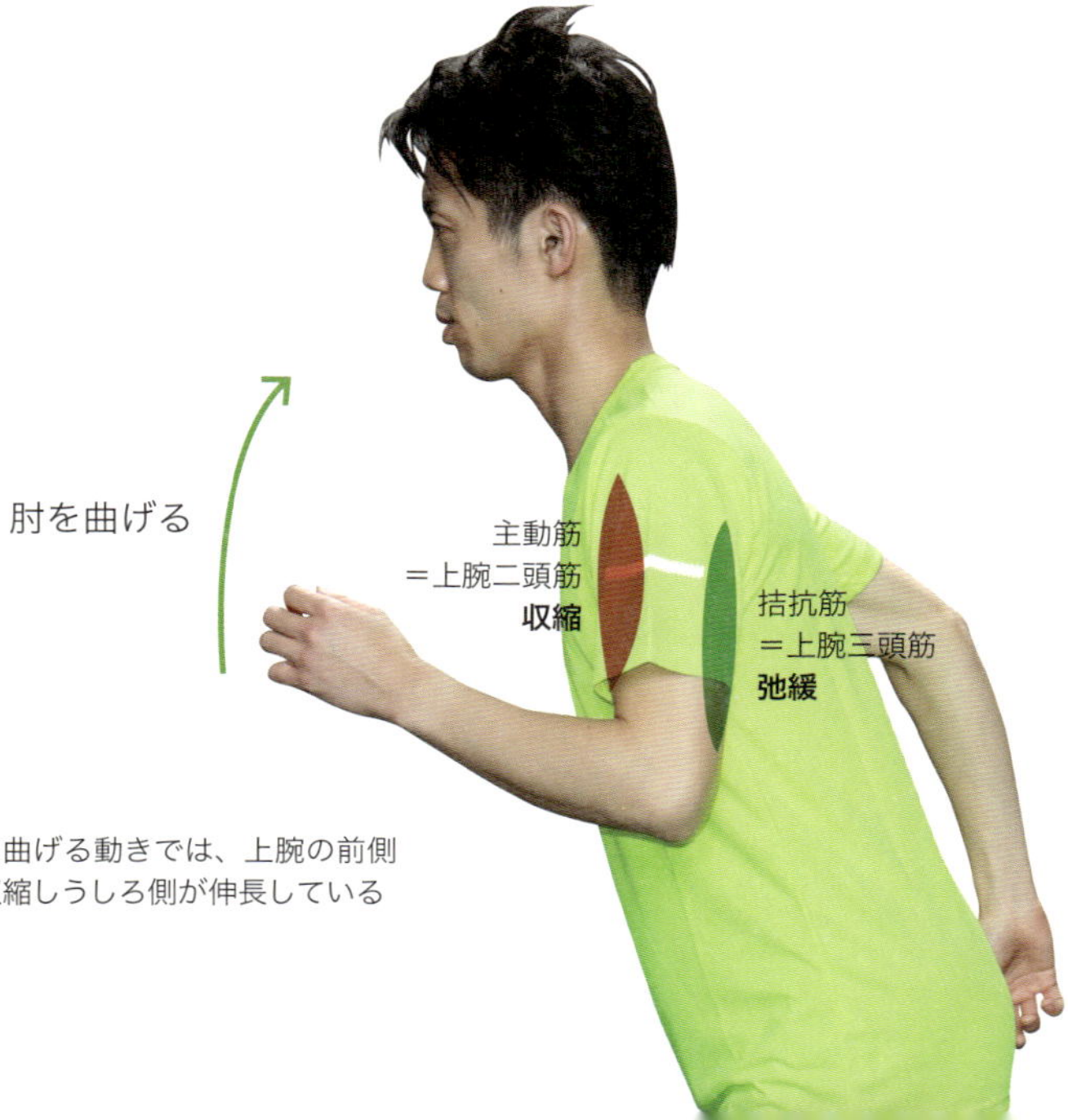

肘を曲げる動きでは、上腕の前側が収縮しうしろ側が伸長している

されて伸張し、筋力を発揮していません。これは、すべての関節に起きています。この仕組みを相反性の反射といいます。

いつも同じ動きをしていると、いつも同じ筋肉（主動筋）が力を発揮することになります。その筋肉は、疲労して縮んだままの状態になり、硬くなります。反対の拮抗筋は、伸ばされたままで硬くなります。これが歪みの正体であり、知ってほしい点です。

いつも使われる主動筋は、使いすぎの筋肉です。反対側の筋肉は、使えていない筋肉で、双方が硬くなります。

練習中に筋力を発揮できなくなったり、疲れてパフォーマンスが低下したりするのは、練習中に同じ動きの繰り返しが多く、筋肉が片側だけ使われるからです。同じ動きを繰り返すと、「使われすぎの筋肉」と「使われていない筋肉」が現れ、双方が硬くなります。

筋肉が硬くなると、筋力低下やスピードの低下などを招きます。それが、練習後半の疲労です。疲労は、通常は一晩寝ると回復しますが、練習がきつくて回復できない状況を繰り返すと、身体の歪みにつながります。そして、その先には故障という悲劇が待っています。

収縮する筋肉の裏側には伸張する筋肉がある

②使いすぎる筋肉と使わない筋肉がある

専門的には、筋肉が筋力を発揮することを、「張力を発揮する」といいます。筋肉は身体にかかる重力に逆らうように（抗重力に）力を発揮しています。

その仕組みには、

1. 筋肉が縮みながら張力を発揮する短縮性筋収縮＝コンセントリック・コントラクション

2. 筋肉が伸びながら張力を発揮する伸張性筋収縮＝エキセントリック・コントラクション

3. 筋肉が長さを変えずに張力を発揮する等張性筋収縮（姿勢のキープ時）
＝アイソメトリック・コントラクション

という3種類があります。

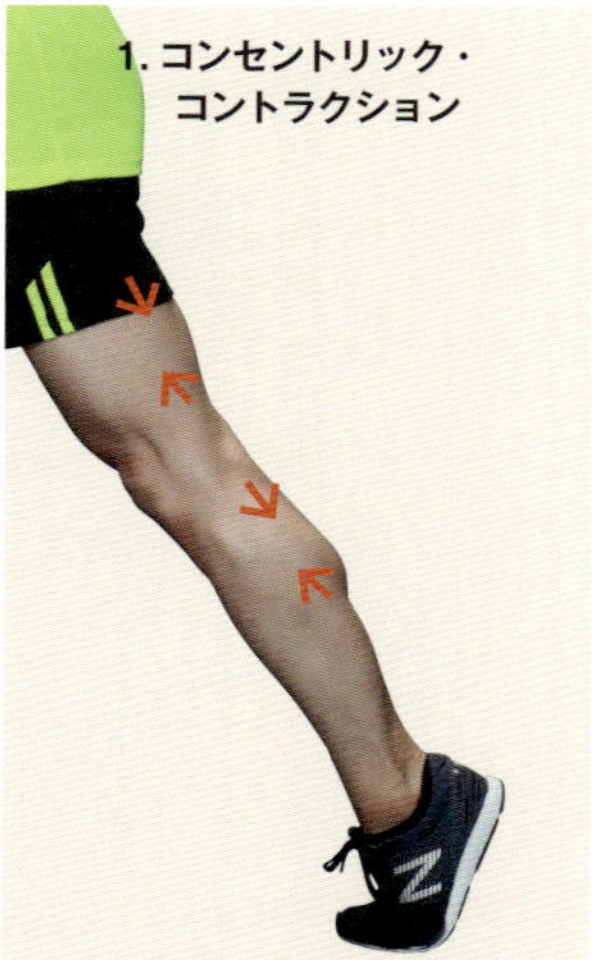

1. コンセントリック・コントラクション

大殿筋、ハムストリング上部、下腿三頭筋が縮みながら力を発揮している

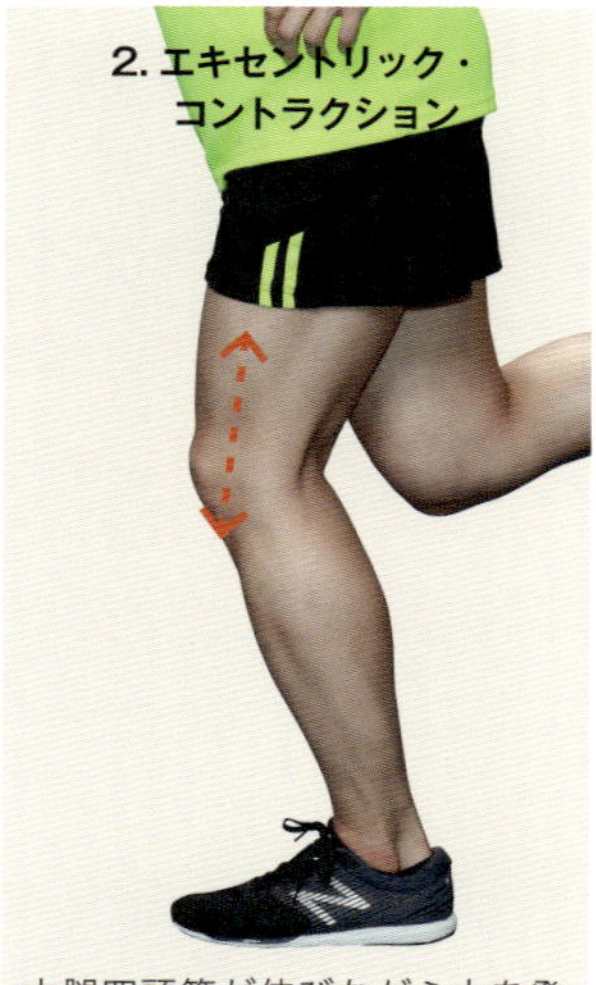

2. エキセントリック・コントラクション

大腿四頭筋が伸びながら力を発揮している

走るという連続動作は、1と2の連続です。

まず、股関節を曲げることで脚を前に出します。そして、その足は、膝が曲がった状態で地面をとらえます。つまり、股関節を屈曲させる（曲げる）筋肉（短縮性の筋収縮）と、膝関節を曲げる筋肉（伸張性の筋収縮）が使われています。

そのあと、地面についた足は、膝をちゃんと伸ばして地面を蹴ってくれればいいのですが、曲がりっぱなしのことも多いようです。つまり、膝を伸ばす筋肉がちゃんと働いていないということです。

走っているときにもも前は使われすぎで、逆にもも裏は使えていない状態になっているのです。この結果、姿勢は脚を伸ばして座ったときに、膝が床から浮く状態となってしまいます。


縮みながらの筋出力と伸びながらの筋出力のバランスを考慮する

③筋肉がバランスよく働く仕組み

　使われすぎた筋肉は疲れて硬くなり、使われない（筋力を発揮しない）筋肉は萎縮して硬くなります。そうなった筋肉は、40パーセントも筋力低下が起きます。そして姿勢は歪んでしまいます。これらは身体は筋肉のアンバランスの結果なのです。

　相反性の原理を利用すると、使えていない筋肉を使うことで、使いすぎている筋肉が使いやすくなる状況も起こります。

　たとえば、長座をし

実験コンディショニング

膝が浮く

↑ **その原因は**

骨盤の後傾

長座の際に、膝が浮く原因のひとつに、骨盤が真っすぐ立たず、後傾していることが挙げられる。股関節の屈曲が強く、おしりの筋肉（うしろ側）が使えていないために硬くなってしまっているのだ

うしろ側を使う

ヒップエクステンション（うつ伏せに寝て、脚を持ち上げる）をし、脚の後ろ側の筋肉を使う

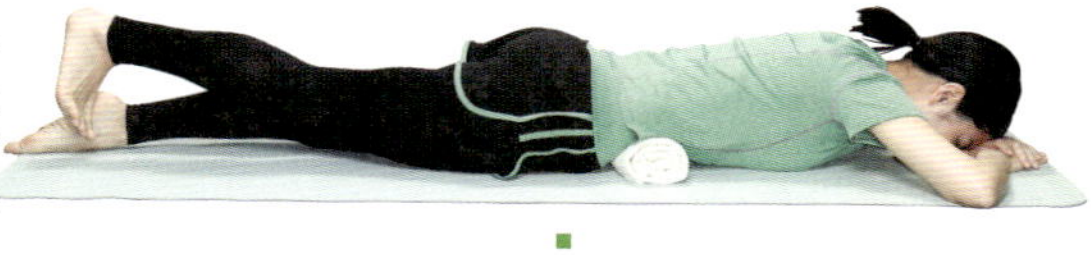

骨盤が真っすぐ立つ

↓

膝が浮かない

脚のうしろ側の筋肉がしっかり使えるようになると骨盤が真っすぐ立ち、脚の前側の筋肉も働くようになり、膝が浮かなくなる

使えていない筋肉を使うことで、使いすぎている筋肉の状態を改善できる

た際に膝が浮くのは、膝を伸ばす筋肉（脚の前側）が十分に働かないためですが、同時に脚の裏側も硬くなっているものです。その場合、骨盤を真っすぐ立てることもできなくなっているはずです。そこで、脚の裏側の筋肉を使うコンディショニング（ヒップエクステンションなど）を施すことで、おしりの筋肉が改善され、膝を伸ばす筋肉も働くようになっていきます（下右参照）。

実験コンディショニング

脚を上げづらい

↑ **その原因は**

膝が曲がってしまう

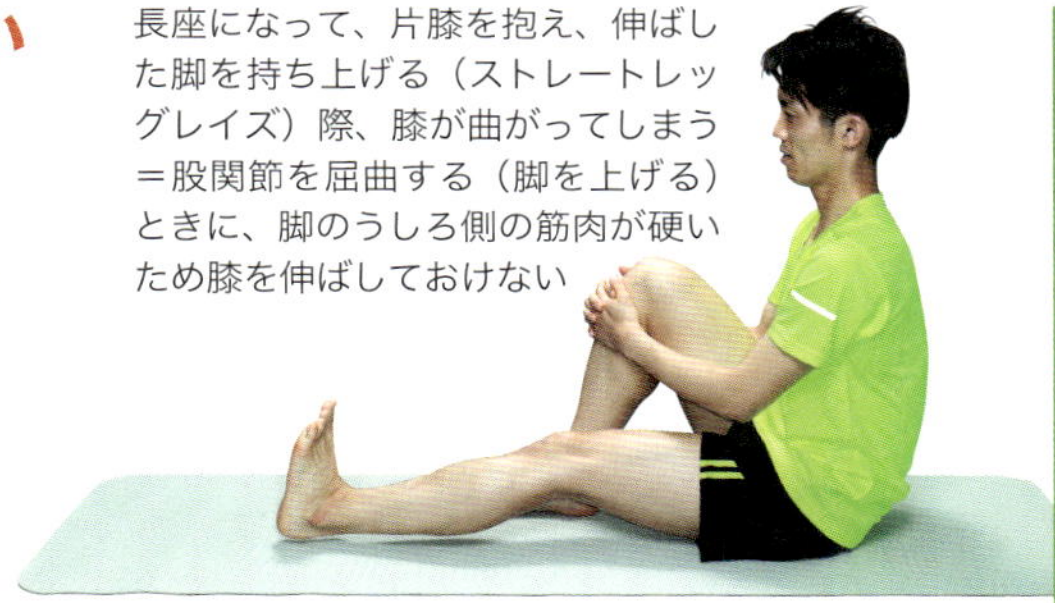

長座になって、片膝を抱え、伸ばした脚を持ち上げる（ストレートレッグレイズ）際、膝が曲がってしまう＝股関節を屈曲する（脚を上げる）ときに、脚のうしろ側の筋肉が硬いため膝を伸ばしておけない

うしろ側を使い前側を伸ばす

レッグカール（うつ伏せに寝て、膝を曲げてかかとをおしりに近づける＝脚の後ろ側の筋肉を使い、前側の筋肉を伸ばす）

膝が伸び、骨盤が立つ

↓

脚を上げやすくなる

膝が伸びて骨盤が真っすぐ立つようになり、脚を持ち上げる筋肉が使いやすくなる

④自動性の反射

もうひとつの筋肉の反射も活用できます。それは筋肉の自動性の反射です。筋肉を使う、つまり縮めた場合、筋肉は硬くなります。そのため、筋肉は不具合を起こさないように、筋力を発揮したあと、自動的に緩もうとします。

その仕組みを利用したのがＰＮＦというトレーニング方法です。

Ｐ　proprioceptive
Ｎ　neuromuscular
Ｆ　facilitation の略で、固有受容性神経筋促通法のことです。

ＰＮＦでアイソメトリックな筋力トレーニングのあとにストレッチをすると柔軟性が上がるのは、この反射の利用です。ですから、筋力を発揮した練習直後には、筋肉をしっかり伸ばすストレッチをすることが重要です。「直後」に行うのが、大きなポイントです。しばらく時間が経つと次に説明する伸張反射が起きますので注意してください。

練習直後にはきつめのスタティックストレッチをすることを習慣化する

⑤伸張反射

筋肉には伸ばされすぎると、危険を感じて硬くなる性質があります。伸張反射といわれるもので、伸ばされすぎを感じた筋肉は、「それ以上伸ばされると壊れる＝危険」と受け止め、縮もうとする働きを起こし、硬くなるのです。これは練習前のスタティックストレッチにおいても注意ポイントとなります。

身体が硬いと見なされている陸上選手の中には、練習前にスタティックストレッチを行った結果として、伸張反射を起こしているケースが多いのです。練習前のウォームアップにスタティックストレッチを行うと、筋肉は、力を発揮しづらい状態になります。ウォームアップではコンディショニングを、スタティックストレッチは練習直後のクールダウンとして使うといいのです。

練習前にはコンディショニングを行うほうがいい

ここまで紹介した反射機能は無意識下で起きていて、それが動きのクセや身体の歪みなどを無意識に引き起こしてしまっています。言い換えれば、この点を知って身体を整えることで、筋肉の正しい反応が出てきます。

神経伝達がスムースで、反射がきちんと起きているのが良質な筋肉です。

そういう筋肉は、弾力があり、モチモチと柔らかい状態になっています。弾力性に富んだ状態の筋肉は、収縮力、伸展力、そして指令をきちんと受け取って伝える能力に優れています。素晴らしい選手の筋肉は、つきたてのおもちのように柔らかいものです。

柔軟性のある身体と一言でいっても、関節の可動が広がるということと、筋肉の弾力性があることとは違います。関節可動域は広がるけれど、筋肉は硬い、そういう選手もいます。関節が柔らかく動き、筋肉も弾力性のある状態を目指したいのです。

About Muscle

2

脳と筋肉の関係を理解する

①意識を向けると、筋肉は硬くなる

筋肉に意識を向けると、筋肉は硬くなるという反応を起こします。

筋肉は、これまで示した反射とともに、意識をすると緊張する、すなわち、張力（筋力）を発揮しようとする＝硬くなるという性質をもっているので、トレーニングする場合、鍛えたい、使いたい筋肉についてイメージすることが大切なのです。

筋肉をイメージできるようにするために、筋肉の図を見ることは大切なイメージトレーニングになります。この本では、その筋肉を理解しやすくなるように、解剖図も時折入れながら話を進めていきます。

筋肉をトレーニングしたい場合は、使いたい筋肉を意識します。

それが難しい場合は、その筋肉に触れることをお勧めします。

逆に、筋肉に弾力を取り戻し、緩めようとする際に、その筋肉を意識すると、その筋肉には命令として、縮みなさいという命令がくだります。しかし、身体活動は緩めようとしているわけで、筋肉は混乱を起こす結果になりますので、気をつけたいところです。

リセットしたい筋肉やストレッチしたい筋肉には意識を向けないことが大切

②精神的な緊張も疲労回復の敵

この本で紹介するリセットコンディショニングは、人間の疲労回復の原理を応用した方法です。筋肉の状態が驚くほど回復します。楽しみにしていてください。

精神的な緊張が上位頸椎まわりの筋肉に緊張を与えて全身を硬くする、ということも気をつけなければなりません。試合の際など、精神的な緊張が高まると、筋肉は緊張し、硬くなります。その大元は首の筋肉だということが、研究でわかってきているのです。

また、「鬱病」などの精神的な病も、首の筋肉が硬くなっていることがわかっています。

上位頸椎（頸椎１〜４番）に関係している筋肉をリセットコンディショニングすることで、試合前の緊張やストレスからくる、筋肉＝身体の緊張を緩和することができます。

なお、上位頸椎に関係している筋肉は、呼吸とも関係の深い筋肉です。コアトレの基本である呼吸のトレーニングをすることで、軸ができるばかりか緊張緩和もできると考えています。

緊張をしたら、頸椎のリセットコンディショニングがお勧め。
コアトレ（呼吸）によって、軸づくりとともに緊張緩和やストレス解消も狙える

About Muscle

3

筋肉の種類を理解する

①動きをつくる表層筋と姿勢を安定させる深層筋

筋肉には、別の分類があり、ふたつに分けられます。

ひとつは動きを表現する表層筋です。骨格筋は随意筋（意図して動くという意味）であり、意識して動ける筋肉は、表側にある大きな筋肉＝表層筋たちです。この表層筋が関節の動きを実行しています。

表層筋は、身体を動かし、動きを表現する

もうひとつは深層筋です。となりあった骨をひとつずつつなぎ、骨格の安定をはかります。身体の位置を察し、骨の位置関係を調整します。

深層筋がきちんと働くと
→走っている姿勢が美しい
→身体がぶれず、手足が自在に動いて、力みのないフォームになる

フォームを安定させるために、この深層筋が働いているのです。

②姿勢とフォームを安定させる コアという筋肉

深層筋の代表的な筋肉がコア（横隔膜、腹横筋、多裂筋、骨盤底筋群）といわれる筋肉です。これは軸をつくってくれる筋肉たちです。

筋力トレーニングは、競技力向上のために重要なトレーニングと考えられています。筋力トレーニングで強くするのは、主に表層筋です。筋持久力、最大筋力、瞬発力などその力の質に応じて、筋力トレーニングを組み立てます。

その際、しなやかで無駄がなく、力がうまく伝わる動きをつくるためには、深層筋をトレーニングする必要があります。

陸上競技、とくに走る動作は、基本的な姿勢の安定が得られるだけで、スピードとストライドを獲得できます。深層筋を安定させることで、手足のしなやかな、自由な動きが手に入り、きれいなフォームになっていきます。その深層筋の中でも軸をつくる筋肉がコアといわれている筋肉です。

これらは、人間が本来もつ機能を担う筋肉です。その機能は、赤ちゃんが生まれてから二足歩行がで

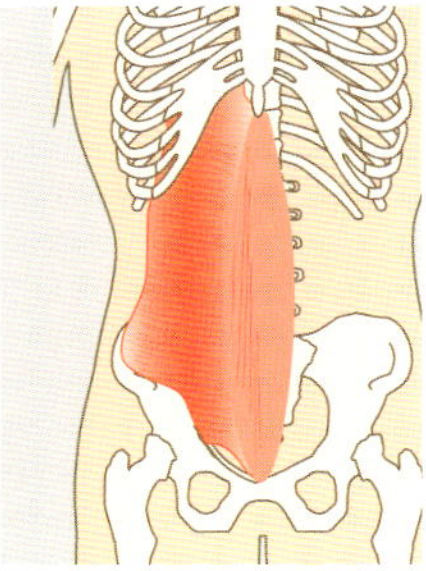

腹横筋●おなかを包み込むように一番奥に位置している。ちょうどおなかに帯を巻いているようなイメージ。「呼吸のとき横隔膜と連動して動く」「背骨を支える筋肉」「腹圧を上げる」などの働きがある。

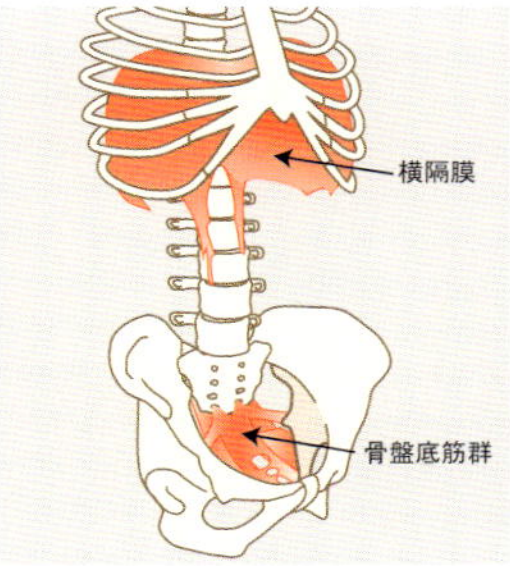

横隔膜●胸郭と腹腔の間、界面に位置している。腹横筋と共同して働き、胸郭と腹腔の圧力をコントロールしている。呼吸に関係し、呼吸を意識することで多裂筋、骨盤底筋群の収縮を引き出し、姿勢を安定させる。
骨盤底筋群●骨盤を下からハンモック状に支えており、恥骨から仙骨に付着する。肛門挙筋と骨盤の外側を形成する内閉鎖筋からなる。下部腹腔と関係し、腹横筋とほぼ同時レベルで収縮して骨盤を安定させる。

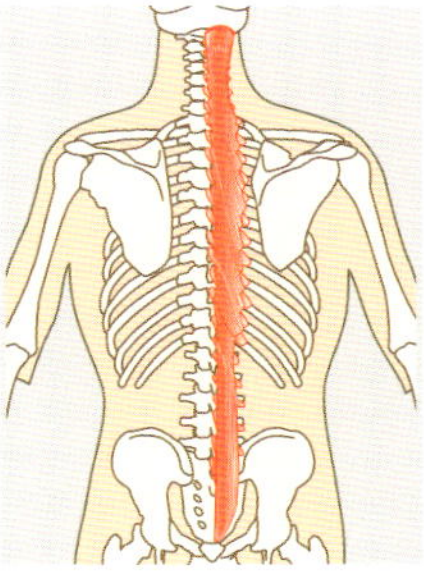

多裂筋●背骨の横にある横突起と中央にある棘突起をふたつまたいで斜めについている。腰下部では仙骨にもつながり、腰部の安定性に大きく関与。背骨全体を支え、股関節、体幹、骨盤の動きの際にも安定させる。

きるようになるまでの過程において自然に行われるトレーニングによって獲得されます。

コアの機能は、呼吸筋である横隔膜と腹横筋の関係にカギがあります。息を吸うときには横隔膜が働き（収縮し）、息を吐くときには横隔膜が弛緩します。腹横筋は呼吸筋ではありませんが、息を吐くときに縮むことがわかっています。この腹横筋が収縮すると、多裂筋は背骨と背骨の距離を保ち安定させ、骨盤底筋群は骨盤を安定させます。息をしっかり吐くことで、背骨と骨盤が安定し、軸ができる、というわけです。

コアトレや体幹トレーニングでは手足に負荷はかかりません。それによって軸ができた身体は、手足を動かしやすい状態になります。

赤ちゃんが生まれてから歩くまでに行うトレーニング

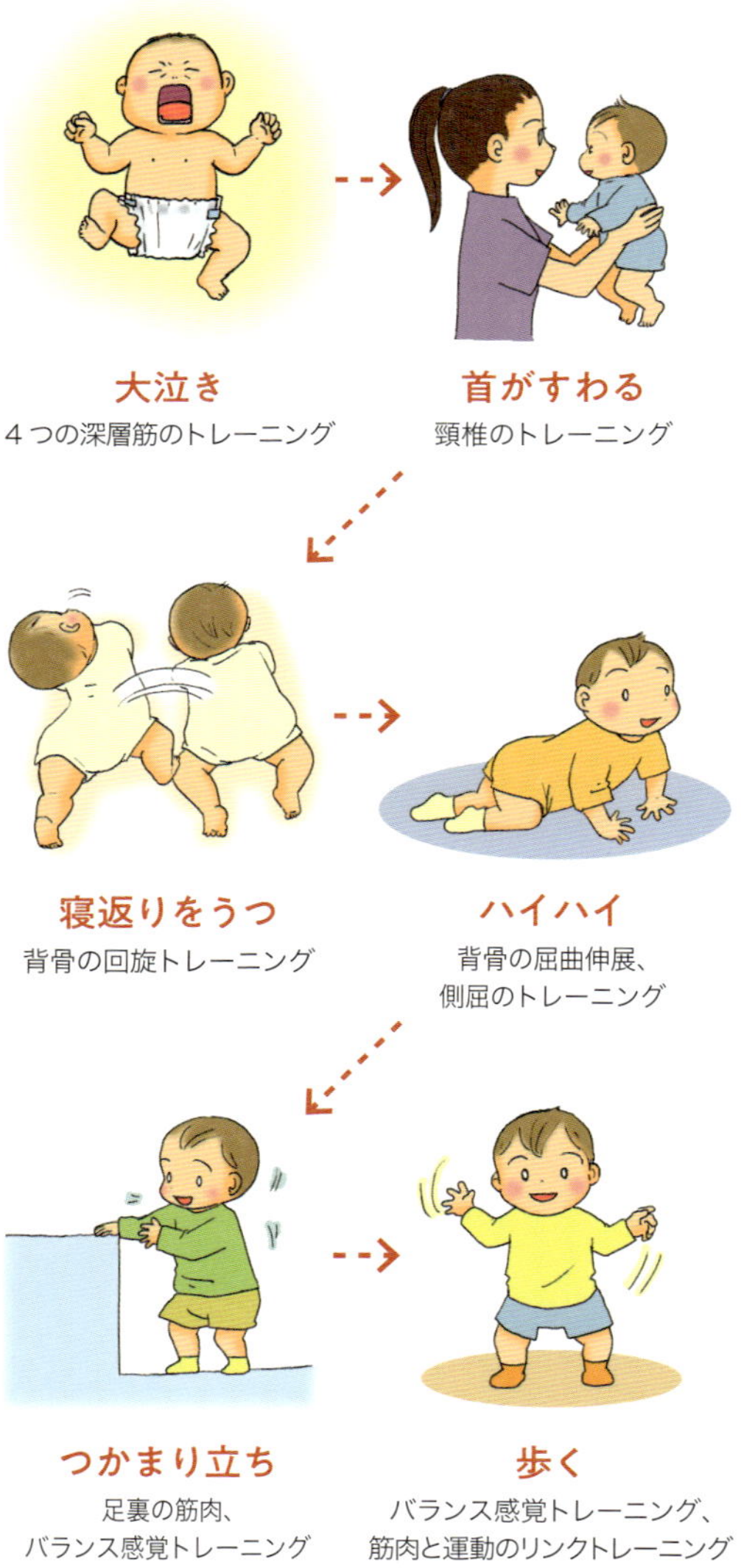

第3章

ランナーのためのコンディショニング

Conditioning

1

コンディショニングとは

ふたつの方法で筋肉を整え、パフォーマンスを高める

ランナーの身体を最高の状態に導くこと、それがコンディショニングです。鍛えるのではなく、整える方法です。

〈コンディショニングの定義〉

リセットコンディショニング（Reset Conditioning）

アクティブコンディショニング（Active Conditioning）

というふたつの方法で、人体にある約６５０の筋肉に対して調整と再教育を行い、「Good Condition」を実現するメソッドです。

リセットコンディショニングで筋肉のしなやかさを取り戻し、骨格を本来あるべき位置に調整します。そしてアクティブコンディショニングで筋肉を正しく使えるように再教育するのです。コンディショニングをランナーが取り入れると

①筋肉が整ってフォームが整い、眠っている走力が引き出される

②疲労回復し、故障しない身体になる

③身体が楽になり、質の高い練習が積める

こんなことが手に入ります。

その基本的な原理を説明しましょう。

Conditioning

2 リセットコンディショニングとは

寝返りと同じメカニズムで回復

リセットコンディショニングは、硬くなっている筋肉を（使えていても使えていなくても）、使いやすい弾力のある状態に戻す方法です。この原理は、寝返りで疲労回復する方法の再現です。

人間は寝ている時間に疲労回復します。寝返りをして、寝ている状態の無意識下で関節を動かすと、筋肉は、疲労回復しようと、緊張を解いていきます。筋収縮が起こらない（力を発揮することのない）状態で、関節が動くことになります。その結果、筋膜という袋で包まれた筋肉は、袋の中で揺らされ、元の並びにきちんと並び整えられるとともに、栄養分をきちんと受け取り、回復するのです。

しかし、練習量が多かったり、ストレスがたまっていたり、筋肉を酷使していたり、睡眠環境がよくなかったりすると、筋回復できていない状態になります。朝起きてすっきりしないのは、そうした理由で疲れがとれていないためなのです。

リセットコンディショニングは、寝返りの疑似動作によって、

エビデンス1

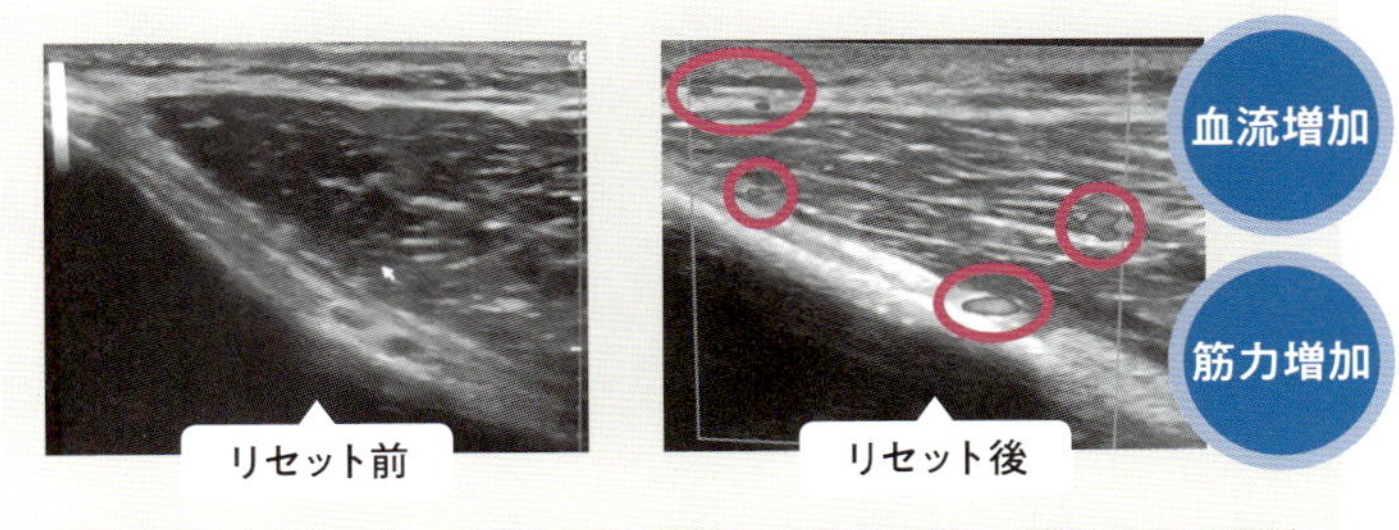

股関節クルクルトントンを実施したあと、内側広筋の動脈枝に血流と還流が増加（○で示した箇所）。実施前後の比較で、膝伸展筋力が 40%増加

（※股関節クルクルトントン▶ P064）

脱力をして関節を動かすことを行います。脚であれば手で他動的に動かしたり、肩や背骨であれば他の部位に意識を向けて、受動的に動かしたりします。寝返りの原理で、力を入れずに動かし、筋肉と筋膜の間や、関節に隙間をつくっているのです。これによって血流が増すことがドクターとの研究でわかっています。その結果動きやすい筋肉に戻っていくのです。

ドクターとの研究ではまた、リセットコンディショニングで筋力が40パーセント上がることもわかっています。しかし、これは筋力が上がったのではなく、力を出せなくなっていた筋肉が働くようになって、回復したということなのです。

リンパ節に刺激を入れ、回復を促進

脱力をして関節を動かすリセットコンディショニングを施しても筋肉がまだ硬いままの場合は、老廃物の処理がうまくいっていないと判断し、リンパ節や筋肉に直接アプローチする方法をとります。リンパ節を圧《お》さえ、そこに関係している筋肉を動かすのですが、この方法により、血流が驚くほど増すことがわかっています。左ページの写真は膝の裏にある血流の増加を示したものですが、コンディショニングの終了後には、ふくらはぎがとても柔らかくなります。

自分で揉んだり圧したりすることで疲労から回復したような感覚が得られることもありますが、揉み方や圧し方を間違うと筋肉が傷つくケースもあります。しかし、リセットコンディショニングは筋肉を動かすことで回復することを狙う方法論であり、そうしたおそれはありません。

「感覚が変わるまで」が実施の目安

リセットコンディショニングは、「何回、何セット」というように、実施する回数を指定することはありません。行う目安は、実施前後での感覚の違いです。終了後に違いが出ることを自分で感じてほしいのです。

　実施の際に気をつけるのは、筋肉に意識を向けないことです。脱力し、他の部分を動かしたりリンパ節を圧《お》さえたりすることにより、ターゲットとする部位の筋肉を動かし、刺激を与えることがポイントです。

リセットコンディショニングのポイント

- ●筋肉に意識を向けない
- ●脱力して関節を動かす
- ●リンパ節や硬い筋肉を圧《お》さえ、筋肉を動かす

回数に目安はない。感覚が変わるのを感じる

エビデンス２

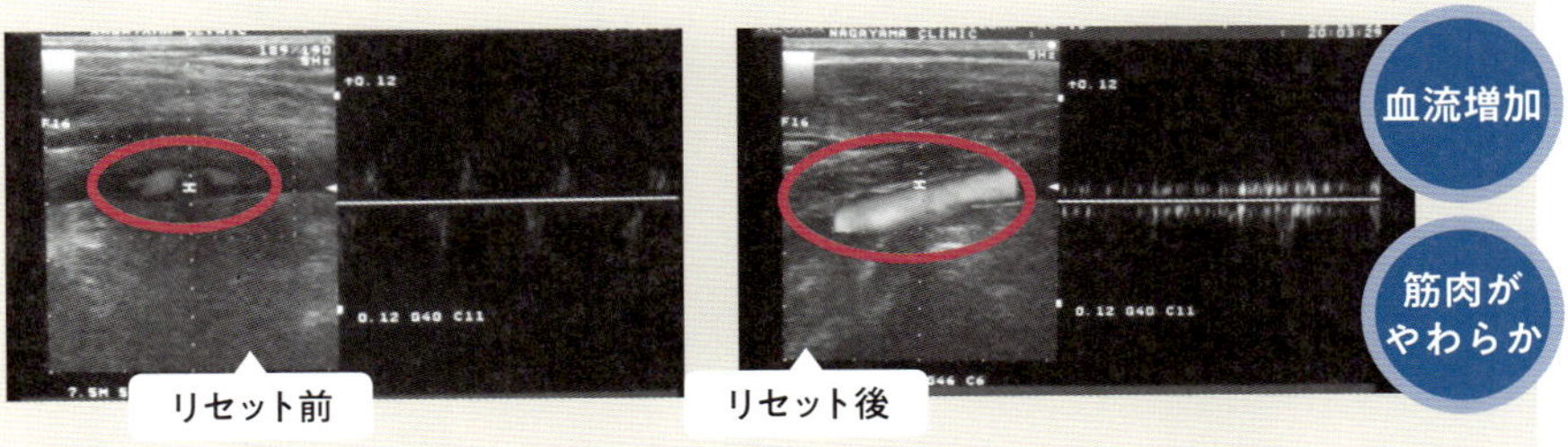

膝裏のリンパ節を圧迫して足関節底背屈運動を実施したあと、膝窩動脈の血流量（○で示した箇所）が大幅に増加し、筋肉が柔らかくなった

Conditioning

3 アクティブコンディショニングとは

アクティブコンディショニングでは、筋肉の再教育をします。相反性の原理で説明（P026）した使えていない筋肉を使えるようにするのです。

筋肉の再教育は呼吸（コアトレ）から始まる

「使えていない筋肉」というターゲットとなる部位があるはずですが、まずは、それに先駆け、中心軸（コア）を安定させる必要があります。そうしなければ効果的な筋トレはできないのです。

コアの再教育は、息をきちんと吐けるようにすること。これにより、軸が安定してきます。「息を吐くくらいで」と思うかもしれませんが、息を吐けていないために、パフォーマンスが落ちている選手がたくさんいます。

「息をきちんと吐いてコアが安定させる」ということは人間のもっている反応ですので、取り戻すと軸が自然に安定してきます。走る際に軸が安定すると、推進力が増したり、ストライドが伸び

エビデンス3

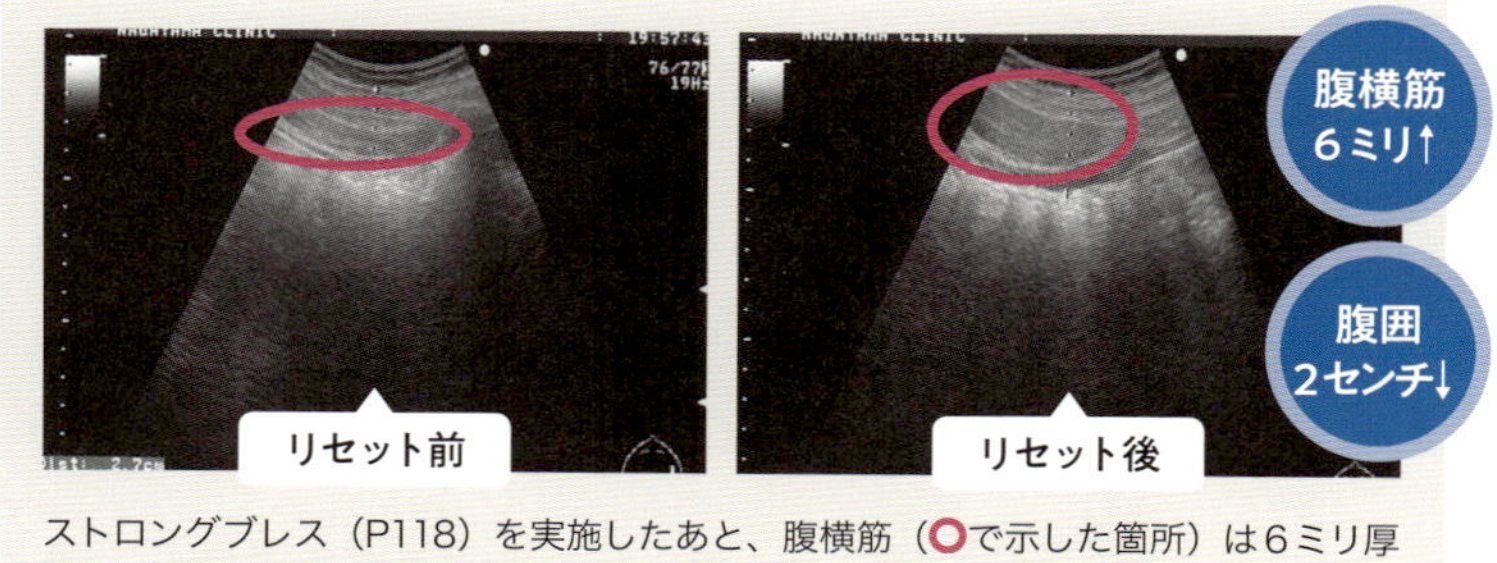

ストロングブレス（P118）を実施したあと、腹横筋（○で示した箇所）は6ミリ厚くなり、腹囲は2センチ減少した。筋力は20～40％アップした

たり、腕振りが楽になったりします。

コアトレでの筋肉の変化は、右ページの写真のように腹横筋が分厚くなります。息を吐くことで腹横筋が働き、多裂筋が椎間を安定させ、骨盤底筋群が骨盤を安定させるといった連動が起きるのです。その結果、20〜40パーセントの筋出力のアップがはかれます。

筋肉に意識の信号を伝える

アクティブコンディショニングは筋トレです。その第1段階として、呼吸によりコアを使えるようにして軸を安定させ、その次の段階で筋肉をトレーニングすることが大切です。

次の段階では、使えていない筋肉にフォーカスします。

陸上競技における筋肉の使い方はどれも、歩く、走る、投げるといった人間のもっている基本的な身体の使い方です。そのため、使えていない主な筋肉はある程度わかってきています。その筋肉とは、「腹直筋下部、大殿筋、ハムストリングス、内転筋群、中臀筋後部、股関節外

旋筋、足関節背屈筋群、上腕三頭筋、頸椎伸展筋」です。

　これらは、特定の競技に取り組む中で、なかなか使えない筋肉、言い換えるとよく使う筋肉の反対側の筋肉です。

　使えていない筋肉は動かそうとする意識の信号をなかなか受け取らないため、動かしづらいようです。そんなときはその筋肉をさすりましょう。

　使いづらい筋肉をさすると、反応がよくなります。さすることにより、意識の信号を受け取れるようになるのです。これを促通といいます。眠っている筋肉を起こすようなイメージでしょうか。

前脛骨筋《ぜんけいこつきん》

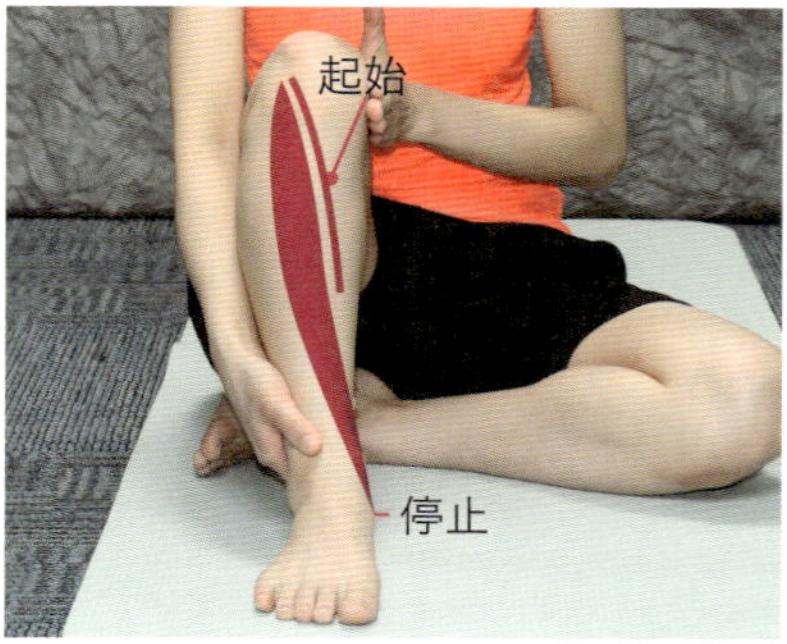

使いづらい筋肉は起始から停止へ向けてさすると反応がよくなる

正しいフォームに気を配る

　身体に正しい動き方を再教育するアクティブコンディショニングの段階で大切なもうひとつのポイントは、正しいフォームでできているかどうか意識しながらトレーニングを行うことです。正しいフォームで行わないと、歪みの改善は難しくなります。

　正しいフォームをつくるときには、中心軸を意識することがとても大切です。中心軸を真っすぐ安定させた上で、①両肩の高さ、②骨盤の左右の高さ、③膝とつま先の向きがそろっていることに、さらに意識を向けるといいでしょう。これが意識できるようになると、自然と正しいフォームで走れるようになっていくのです。

慣れるまでは、回数やセット数にこだわるよりも、正しい動き方の再教育であることを重視してください。感覚の中で正しい動きができているかを確認しながら、ゆっくりでもていねいに行うことが大切です。

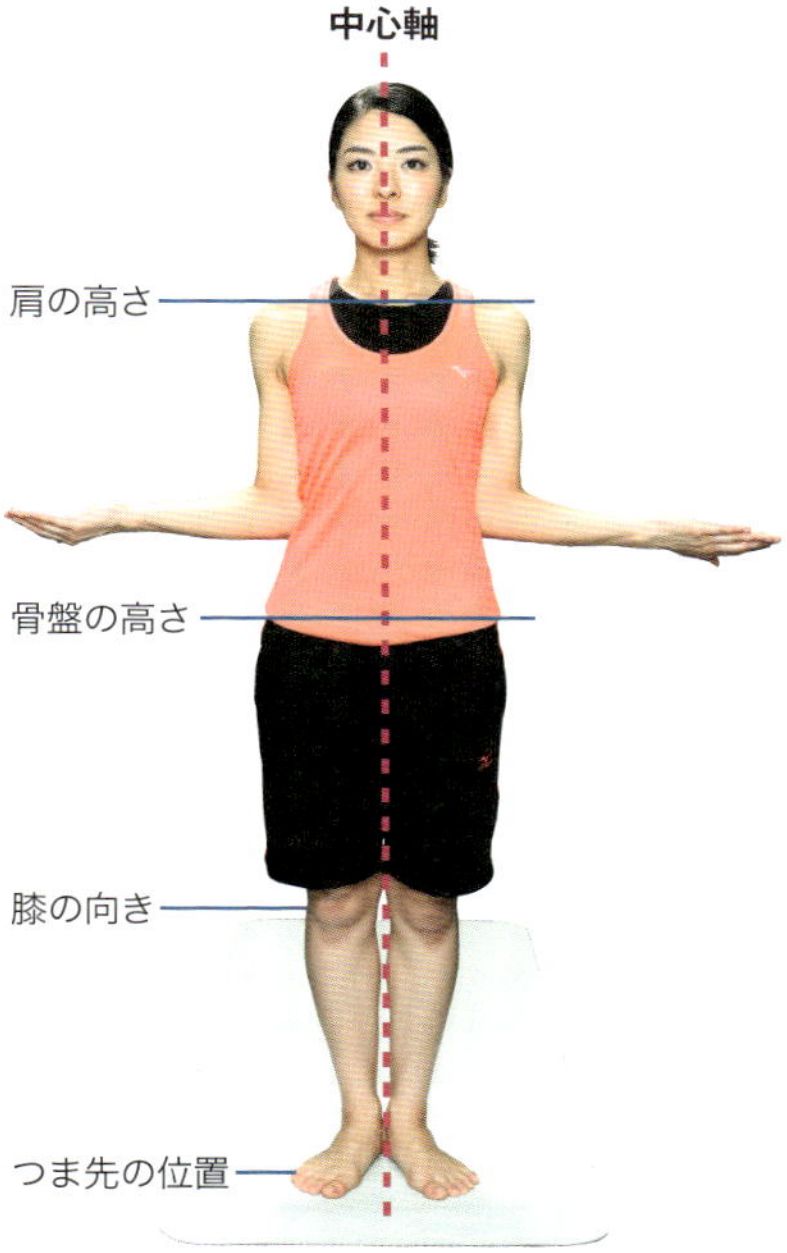

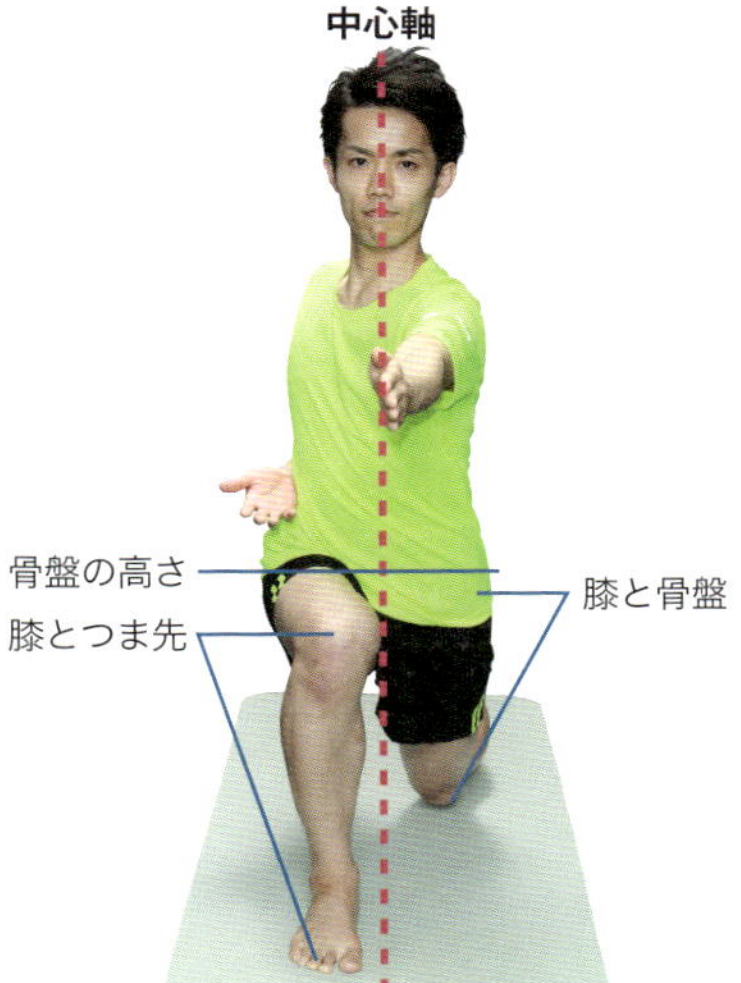

実施の際は、中心軸を意識し肩や骨盤の左右の高さがそろっているか、膝とつま先の向きがそろっているかを確かめることが大切

アクティブコンディショニングのポイント

●正しいフォームで行う（中心軸を意識する）
●息を吐きながら動かす（20回から30回動かす。最初は分けて行ってもOK）
●動かす筋肉を意識する（意識がとても大切。意識しづらい筋肉は促通する）

Monitoring

4

ランナーのためのモニタリング

コンディショニングの前提「あなたの問題はどこにある？」

コンディショニングを行うには、まずは使いすぎの筋肉と使えていない筋肉を姿勢観察で判断します。現状の姿勢を自分で把握し、コンディショニング種目を決めていきます。この姿勢観察をモニタリングと呼びます。

4つの姿勢で18項目を確認します。

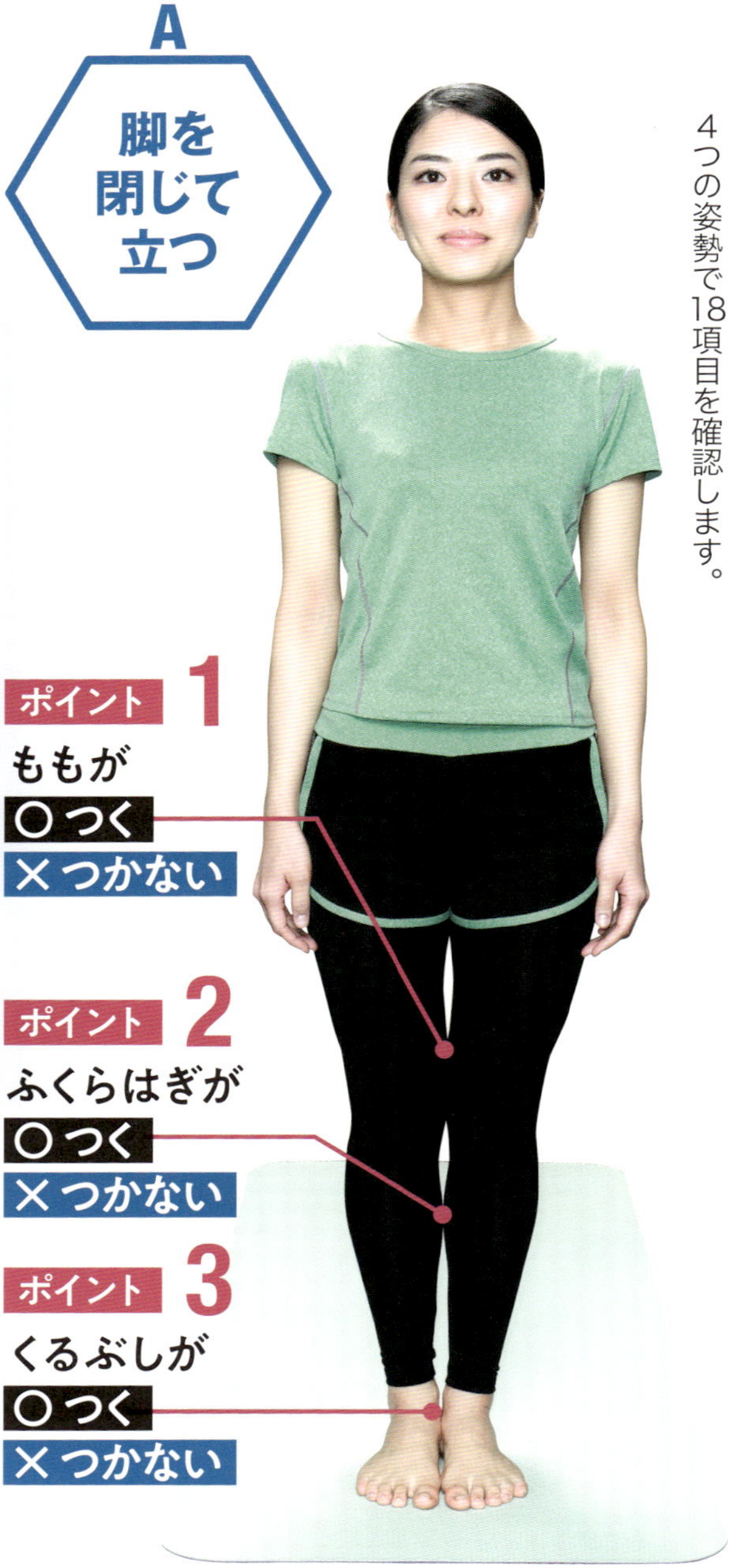

Result& Conditioning

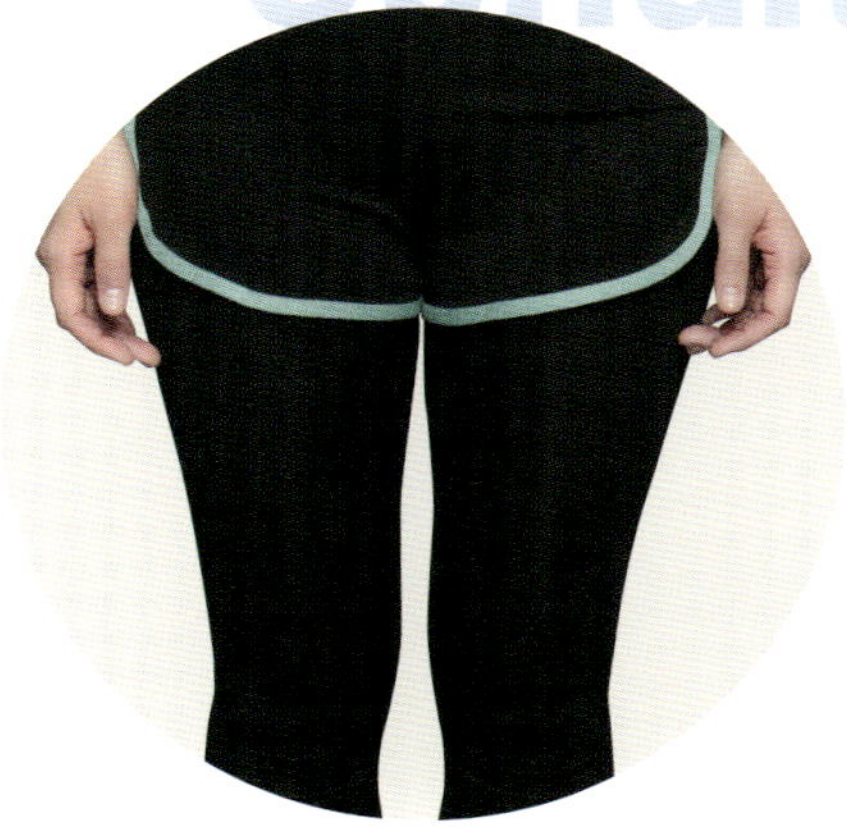

ポイント 1
ももがつかない

原因
- 大腿部外側を使いすぎている
- 大腿部内側を使えていない
- 股関節が内に向いている

↓

対処
股関節のコンディショニング
R クルクルトントン（P064）
A アブダクション（P068）
アダクション（P069）

ポイント 2
ふくらはぎがつかない

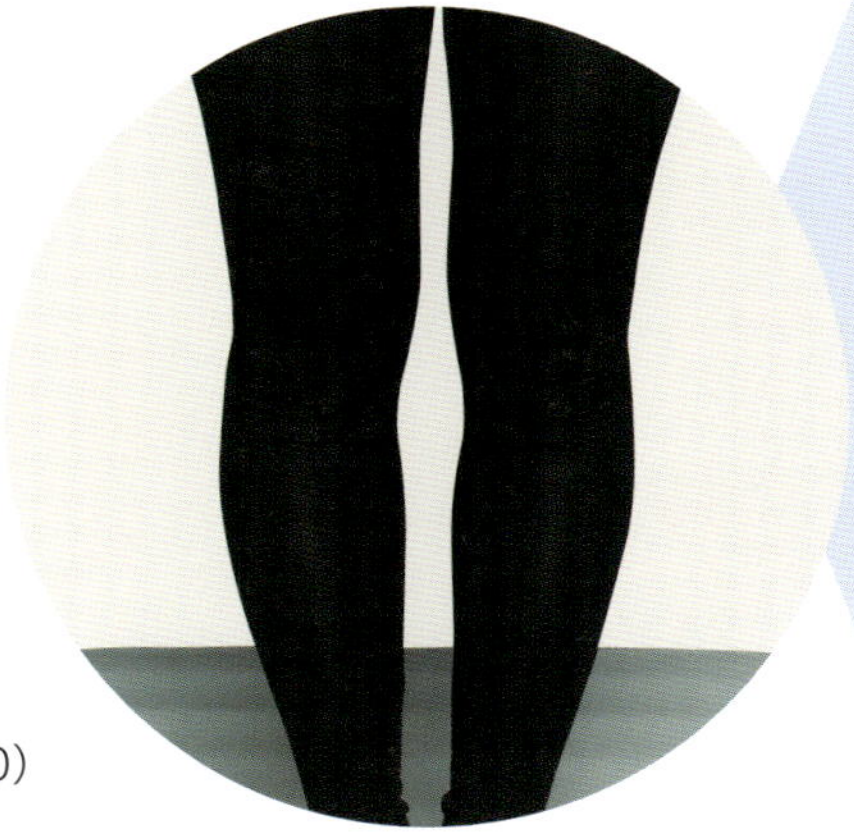

原因
- 膝下が外を向いている⇒A1
- 膝が曲がっている⇒A2

↓

対処
膝関節のコンディショニング
R トントン（P076）
A1 ニーローテーション（P082）
A2 ニーエクステンション（P080）

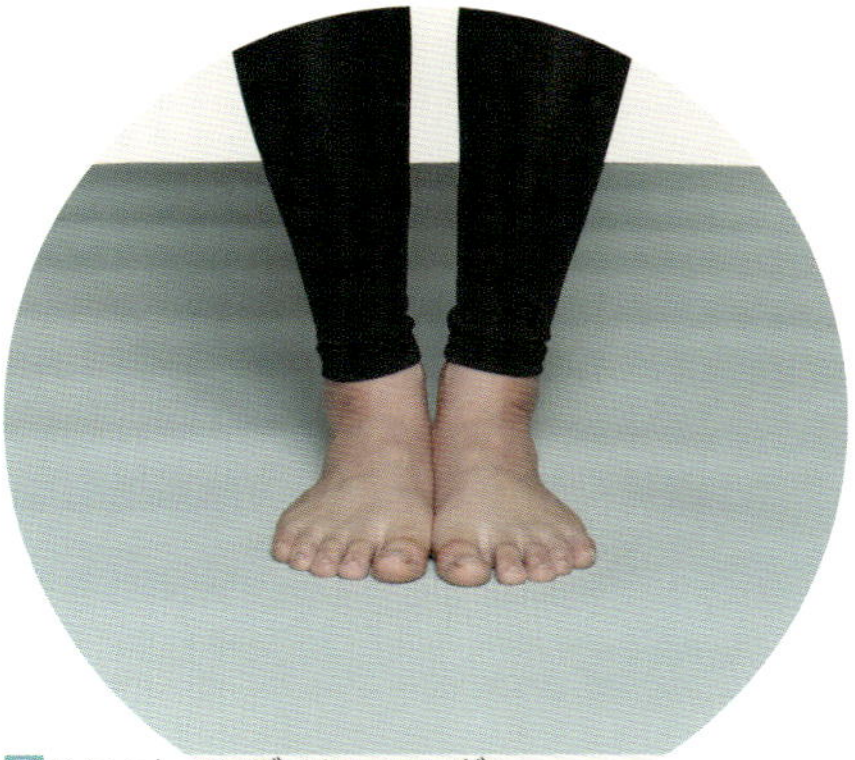

ポイント 3
くるぶしがつかない

原因
- 足裏のつき方が悪い

↓

対処
足首のコンディショニング
R 指分け、足首回し（P086、P088）
A サムライシット（P090）
足裏パワーポジション（P092）

R リセットコンディショニング
A アクティブコンディショニング

Monitoring

B-1

脚を開いて立つ

軽く足踏みをして楽に立ちます

ポイント 4

腕が身体の

○ 横にくる

× 前にくる

ポイント 5

腕と身体の間に隙間が

○ ない

× ある

ポイント 6

手の甲が

○ 横を向く

× 前を向く

ポイント 7

肩が

○ 上がらない

× 上がる

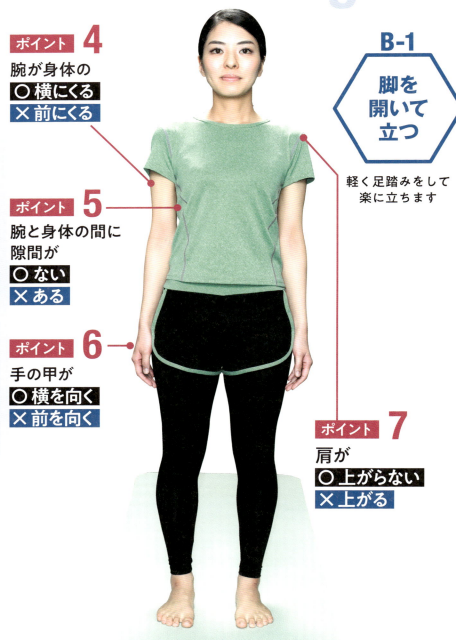

Result& Conditioning

ポイント 4
腕が身体の前にくる

原因
●上腕二頭筋を使いすぎている

対処
肩と首のコンディショニング
R 肩ブラ＜圧さえる位置＝烏口突起＞（P096、P097）
A エルボーアダクション（P102）
シヨルダーエクステンション（P103）

ポイント 5
腕と身体の間に隙間がある

原因
●棘《きょく》上筋を使いすぎている

対処
肩と首のコンディショニング
R 肩ブラ＜圧さえる位置＝棘上筋＞（P096、P097）
A エルボーアダクション（P102）
ショルダーアダクション（P104）

ポイント 6と7は
次ページ

R リセットコンディショニング
A アクティブコンディショニング

ポイント 6

手の甲が前を向く

原因

- 小胸筋を使いすぎている

対処

肩と首のコンディショニング

R 肩ブラ＜圧さえる位置＝小胸筋＞（P096、P097）

A エルボーアダクション（P102）
ショルダーエクスターナルローテーション（P105）

ポイント 7

肩が上がる

原因

- 肩甲挙筋を使いすぎている

対処

肩と首のコンディショニング

R 肩ブラ＜圧さえる位置＝肩甲挙筋＞（P096、097）

A エルボーアダクション（P102）
ショルダーブレイドダウン（P106）

R リセットコンディショニング
A アクティブコンディショニング

Monitoring

B-2

脚を開いて屈伸する

Result& Conditioning

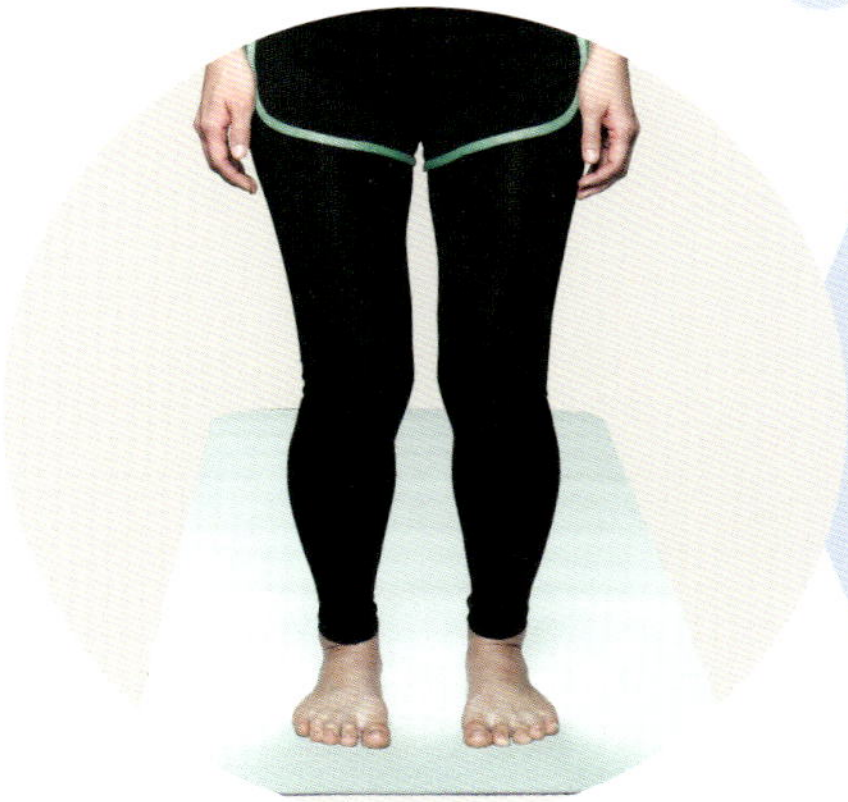

ポイント 8

屈伸する際、
膝が内側に入る

原因

● 股関節が内旋している

対処

股関節のコンディショニング

R クルクルトントン(P064)

A アブダクション（P068）
アダクション（P069）

ポイント 8

屈伸する際、
○ 両脚が平行になる
× 膝が内側に入る

R リセットコンディショニング
A アクティブコンディショニング

Monitoring

C-1

長座になる

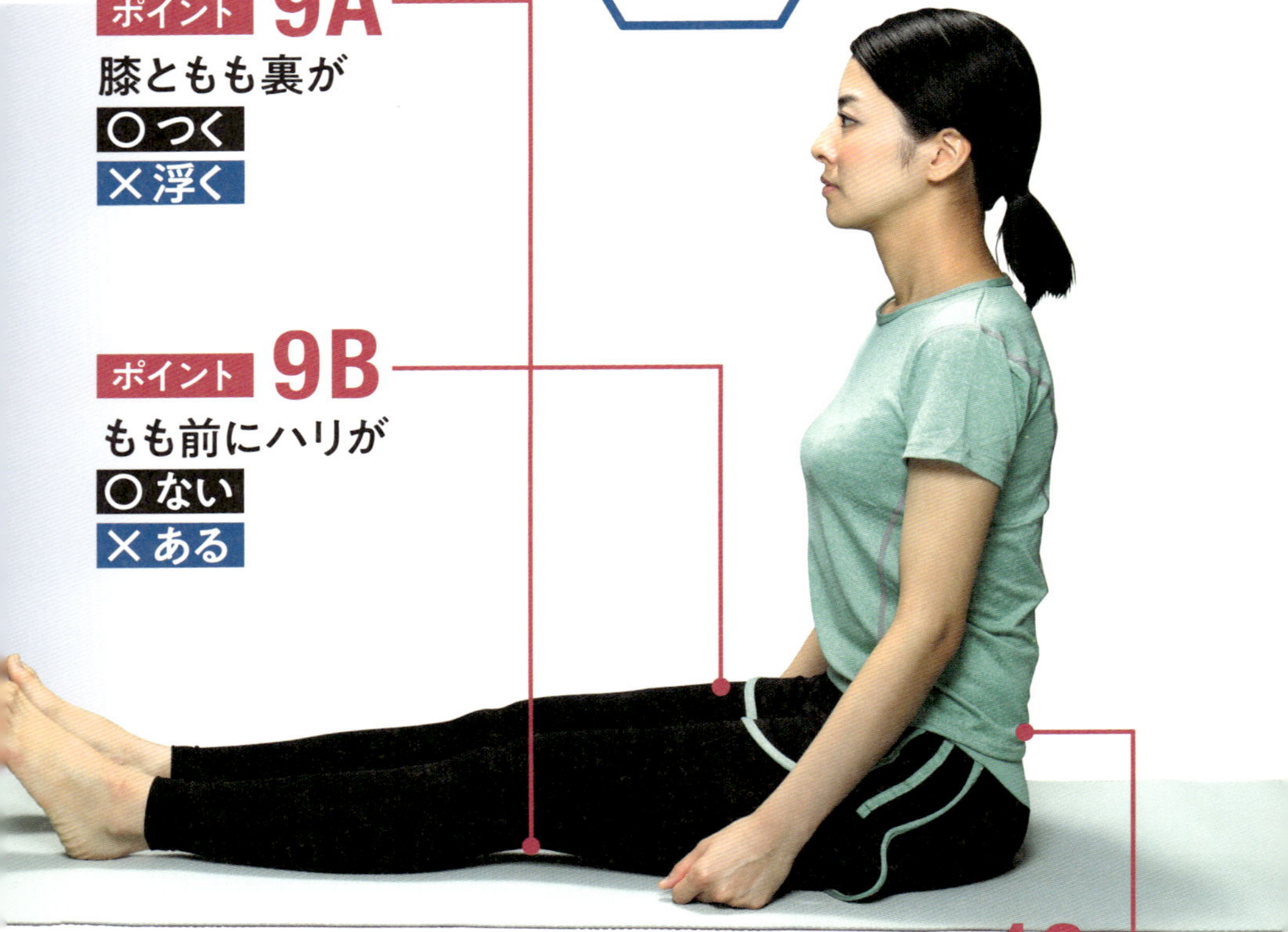

ポイント 10
骨盤が
○ 直立する
× 倒れる

ポイント 9A と 9B は
ほとんどの場合同時に起きています

Result& Conditioning

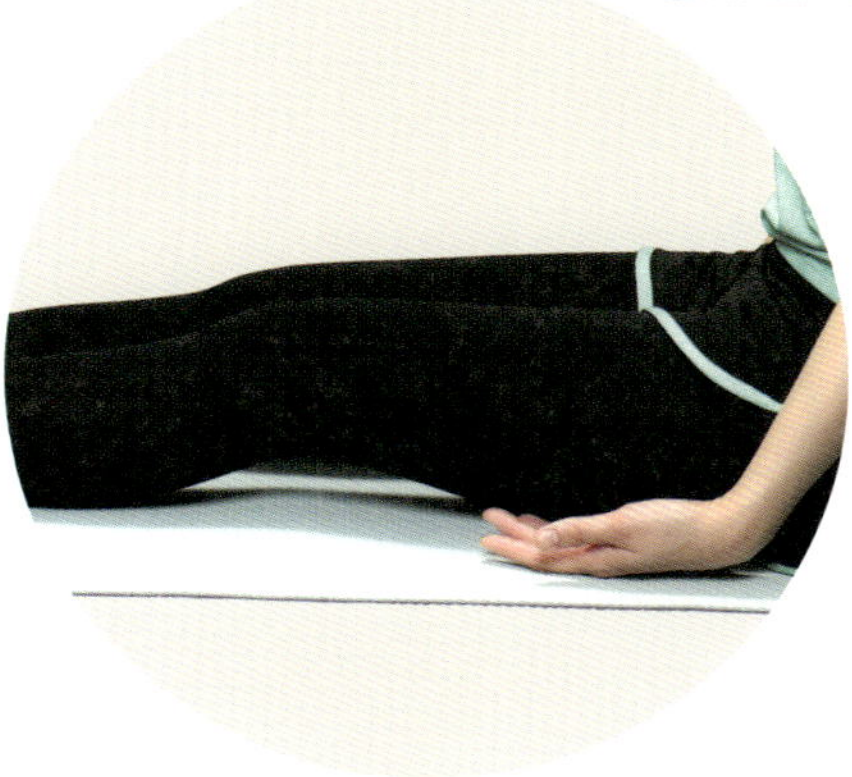

ポイント 9A
膝ともも裏が浮く

原因

●もも裏を使えていない

ポイント 9B
もも前にハリがある

原因

●四頭筋群を使いすぎている

対処

股関節のコンディショニング

R クルクルトントン（P064）

A レッグカール（P070）、ニーエクステンション(P080)

ポイント 10
骨盤が倒れる

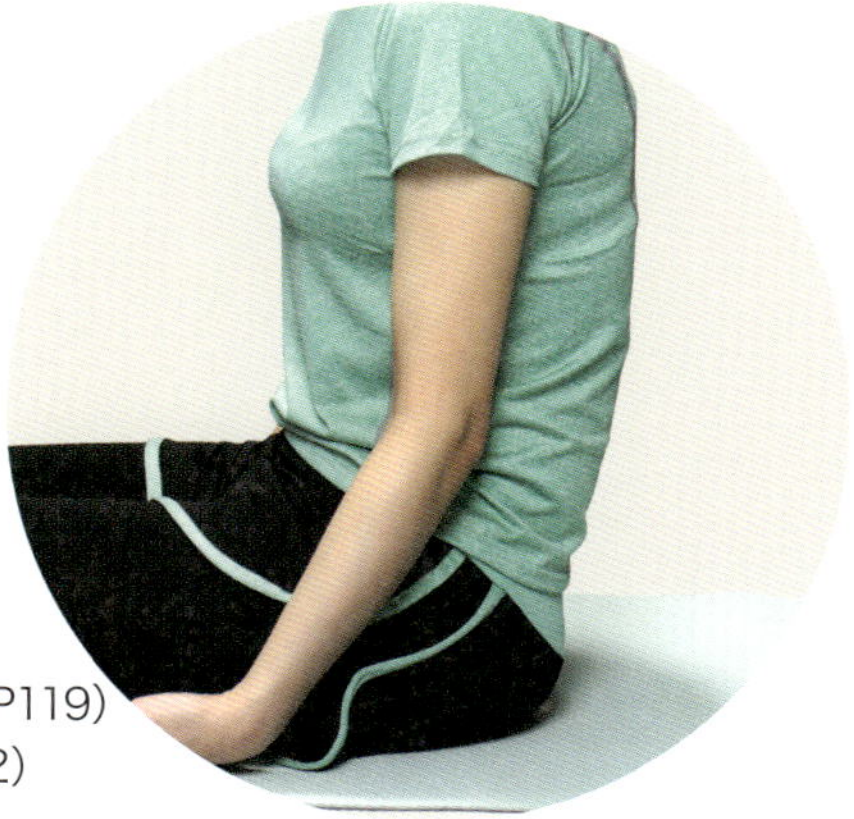

原因

●股関節屈曲筋群を使いすぎている

●腰部の筋肉の使いすぎ

対処

背骨のコンディショニング

R 腰椎トントン（P114）

A 肘つきフェイスダウンブレス（P119）

ヒップエクステンション（P072）

R リセットコンディショニング

A アクティブコンディショニング

C-2

長座でバンザイをする

ポイント 11

背中にハリが

○ ない

× ある

ポイント 12

腕が

○ 上がる

× 上がらない

ポイント 13

頭が

○ 真っすぐになる

× 前に出る

Result& Conditioning

ポイント 11
背中にハリがある

原因

●脊柱《せきちゅう》起立筋を使いすぎている

対処

背骨のコンディショニング

R 胸椎クルクルトントン（P112）胸椎クルクル（P113）胸椎トントン（P114）ヒップボーンターン（P115）

A 肘つきフェイスダウンブレス（P119）

ポイント 12
腕が上がらない

原因

●肩前方を使いすぎている

対処

肩と首のコンディショニング

R 肩ブラ（P096）

A エルボーアダクション（P102）

ポイント 13
頭が前に出る

原因

●首前方を使いすぎている

対処

肩と首のコンディショニング

R 頸椎 Yes・No（P099）

A ネックエクステンション（P109）

R リセットコンディショニング
A アクティブコンディショニング

Monitoring

D 足を見る

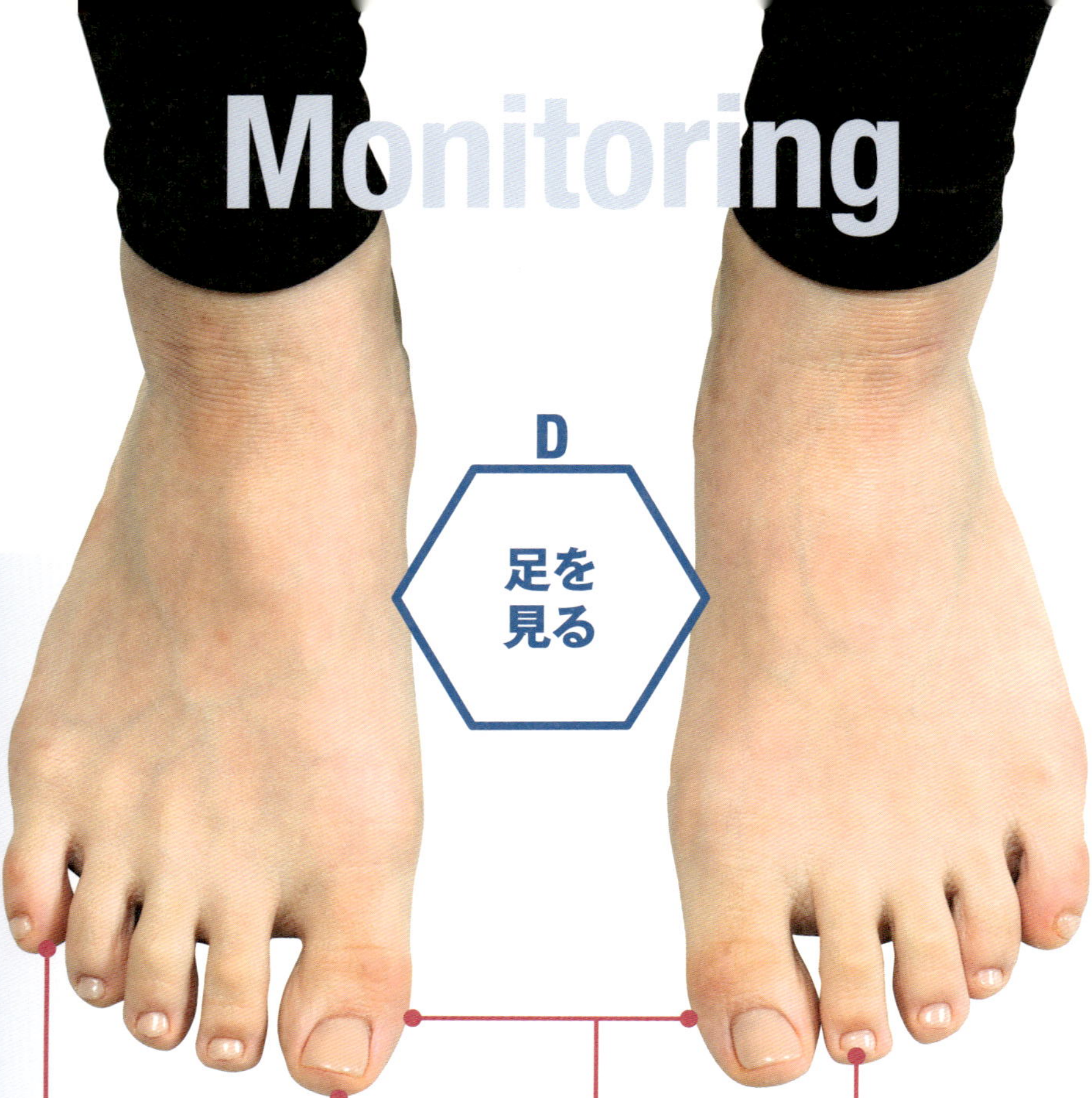

ポイント 14

指が床に
○ つく
× 浮く

ポイント 15

指が
○ 真っすぐになる
× 曲がっている

ポイント 16

親指が
○ 真っすぐになる
× 寄っている

ポイント 17

小指が
○ 真っすぐになる
× 横に倒れている

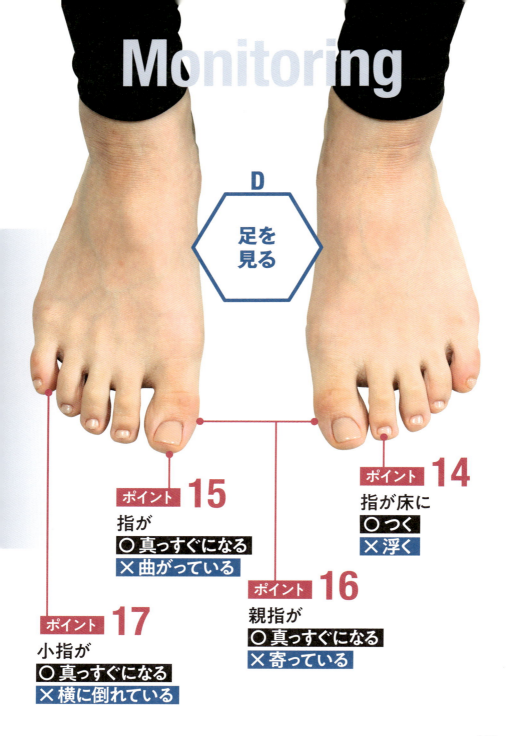

Result& Conditioning

ポイント 14
指が浮く

ポイント 15
指が曲がっている
（ハンマートー）

ポイント 16
親指が寄っている
（外反母趾）

ポイント 17
小指が横に倒れている
（内反小趾）

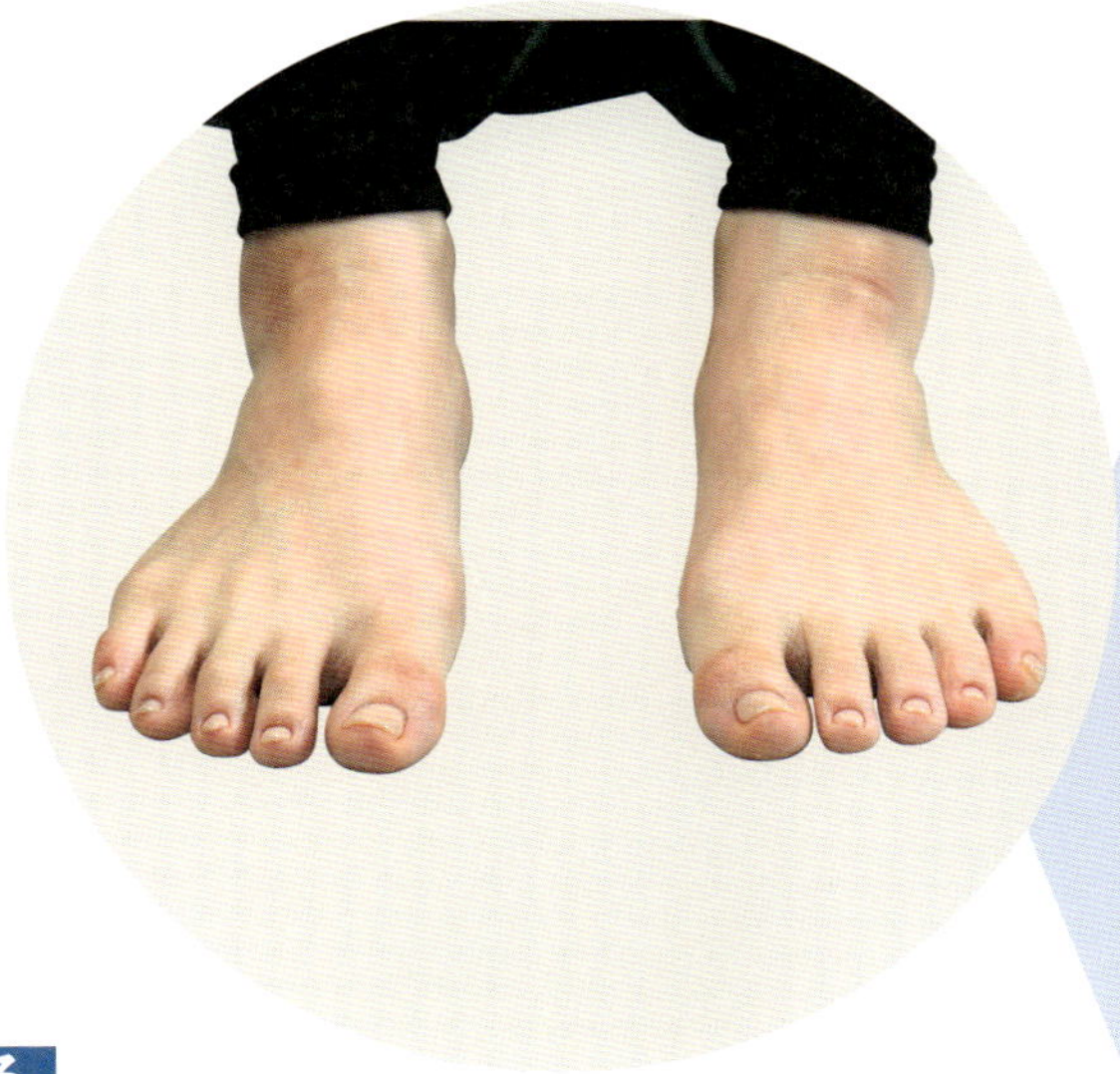

原因
● 足の接地にクセがある

対処
足首のコンディショニング
R 指分け（P086）、かかと揺すり＆足首回し（P088）
A サムライシット（P090）、足裏パワーポジション（P092）

R リセットコンディショニング
A アクティブコンディショニング

シューズのはき方で変わる

シューズはランナーにとって武器であり、防具です。選び方はもちろん、はき方でもタイムが縮まったりケガが防げたりできます。

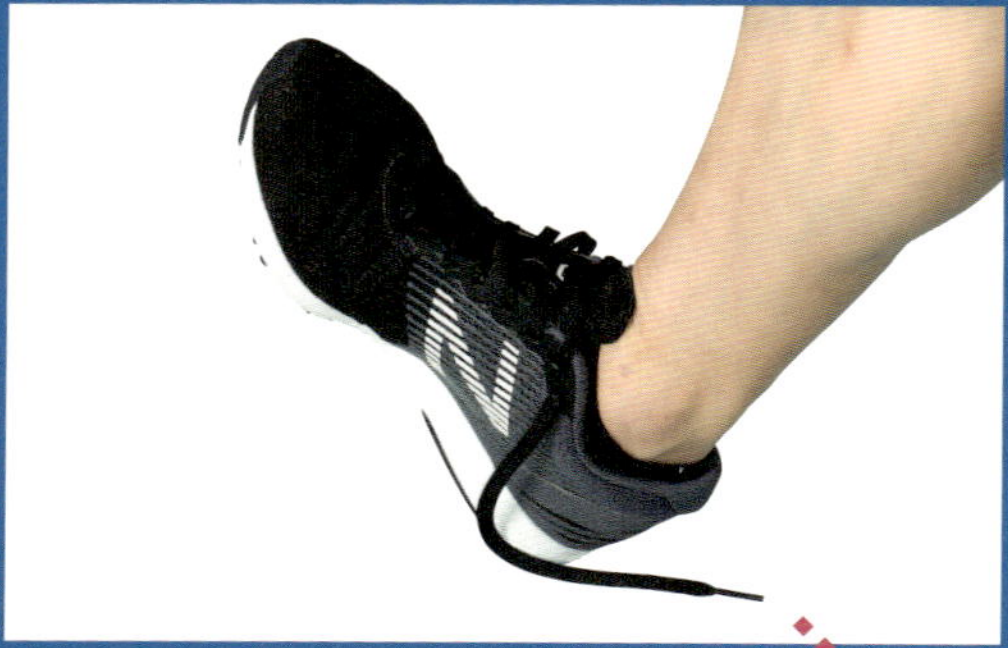

足を入れたらかかとを
地面にトントン

かかとを上げた状態で
ヒモを通し、締める。
足の甲の部分で締めすぎない
ことがポイント

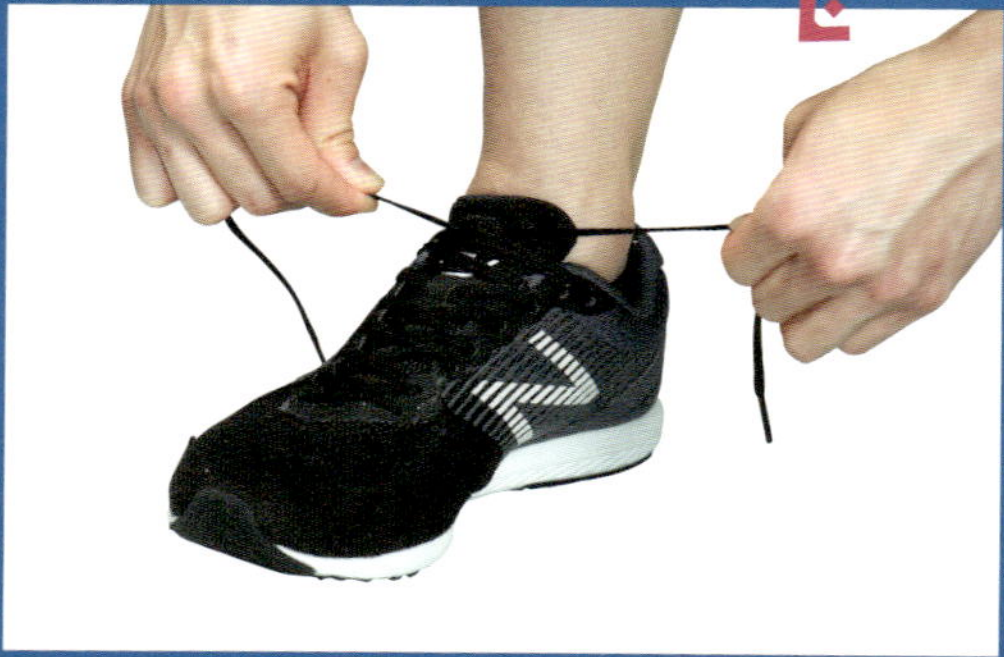

かかとを下ろしてヒモを結ぶ。
きっちり結ぶことが大切

第4章

関節別R《リセット》&A《アクティブ》コンディショニング

モニタリングの結果やランニングの際に感じた不調について、調整する方法を提案します。自身の状態に合わせて、コンディショニングの種目を選んでください。その場ですぐに改善を感じられることがこのコンディショニングの特長ですが、状態の改善が見られるかどうかを自身で確認しながら行うことが大切です。リセットコンディショニングを施してから、アクティブコンディショニングへと進んでください。

Conditioning

1 股関節のコンディショニング

股関節はランナーにとって要の関節といえます。ストライドの広さや推進力の大きさなどは、この関節が正しい動きをしているかどうかにかかってきます。股関節が正しく動かないと、膝が内側に入ったり、地面をうまく蹴ることができません。また日頃の股関節の詰まり感は、身体が発している赤信号です。動きがいい状態を常に保ちたいものです。

こんな人にお勧め！

モニタリング結果が──

A 脚を閉じて立つ
▼①ももがつかない

B-2 脚を開いて屈伸する
▼⑧膝が内側に入る

C-1 長座になる
▼9A膝ともも裏が浮く
▼9Bもも前にハリがある

ランニング時や日常生活で──

a 膝が内側に入る

b 股関節が詰まったり、痛みが出たりする

c ももの外側が張る

d 股関節が硬いと感じる
（開脚をしにくいなど）

コンディショニングのターゲット

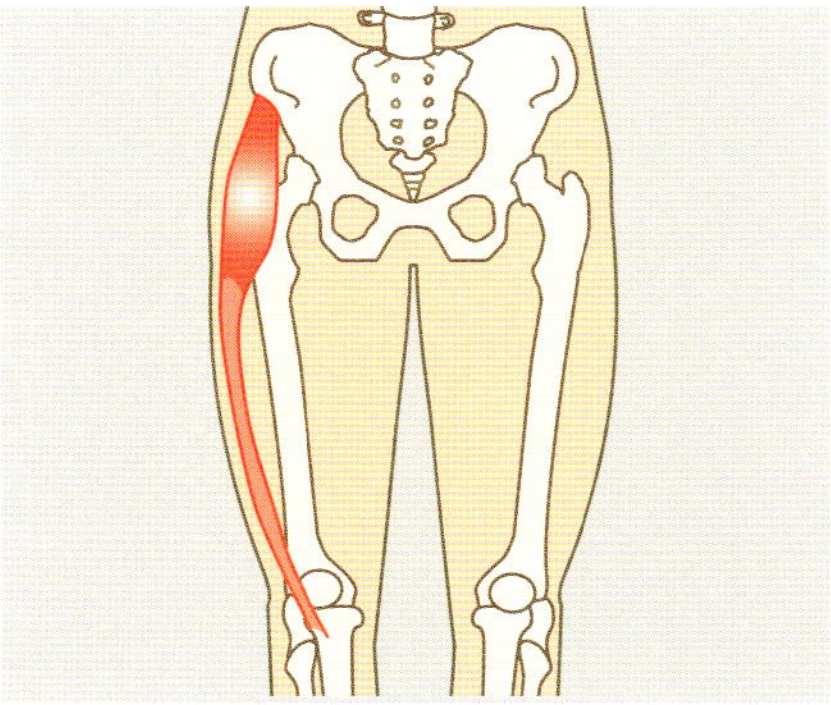

大腿筋膜張筋

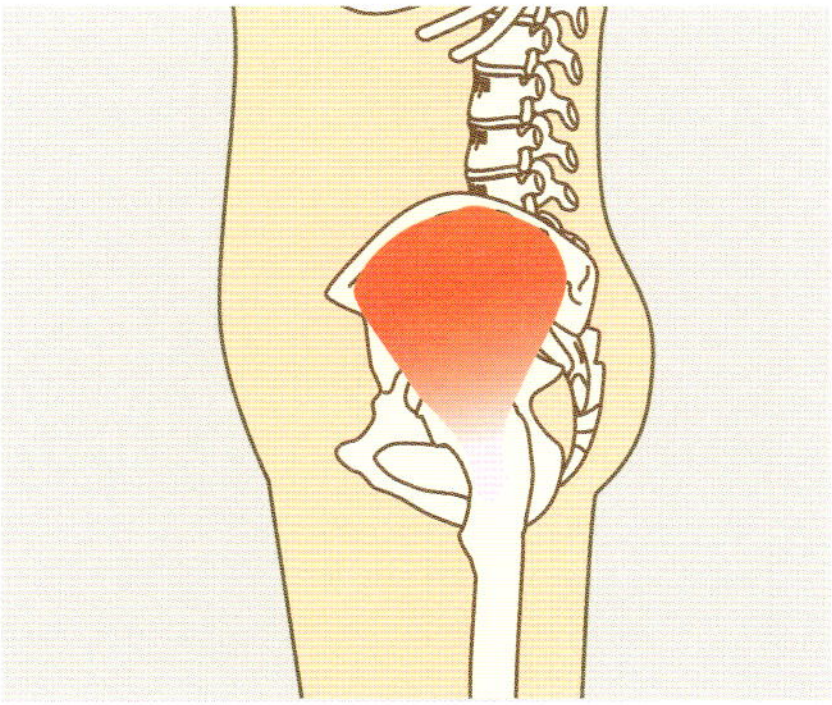

中殿筋後部

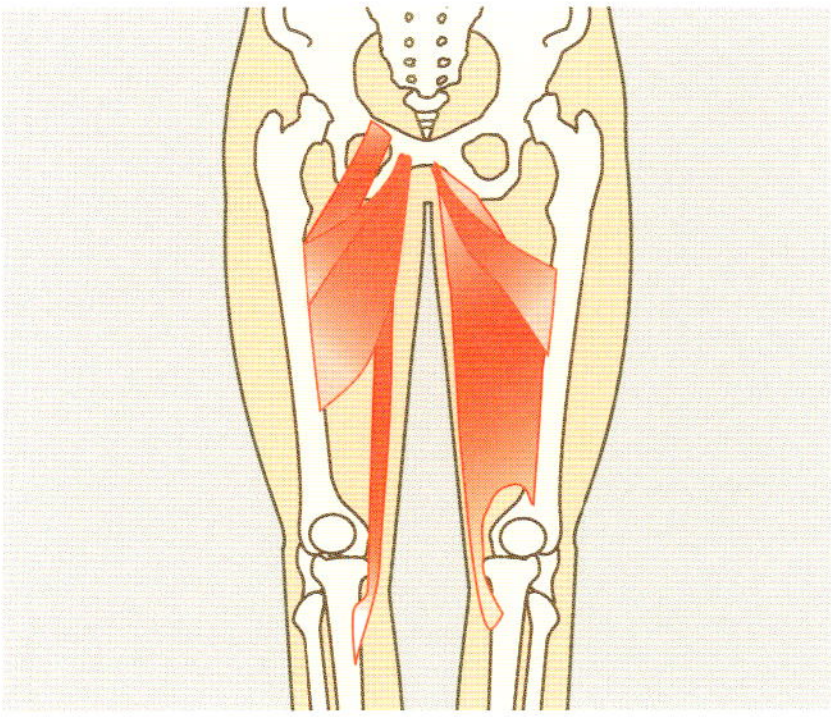

内転筋群

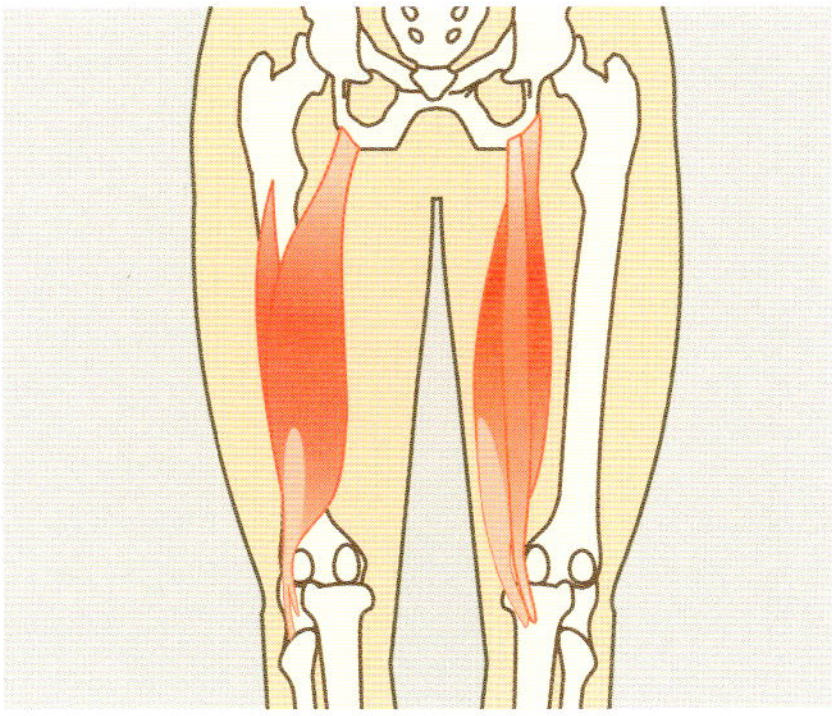

ハムストリングス

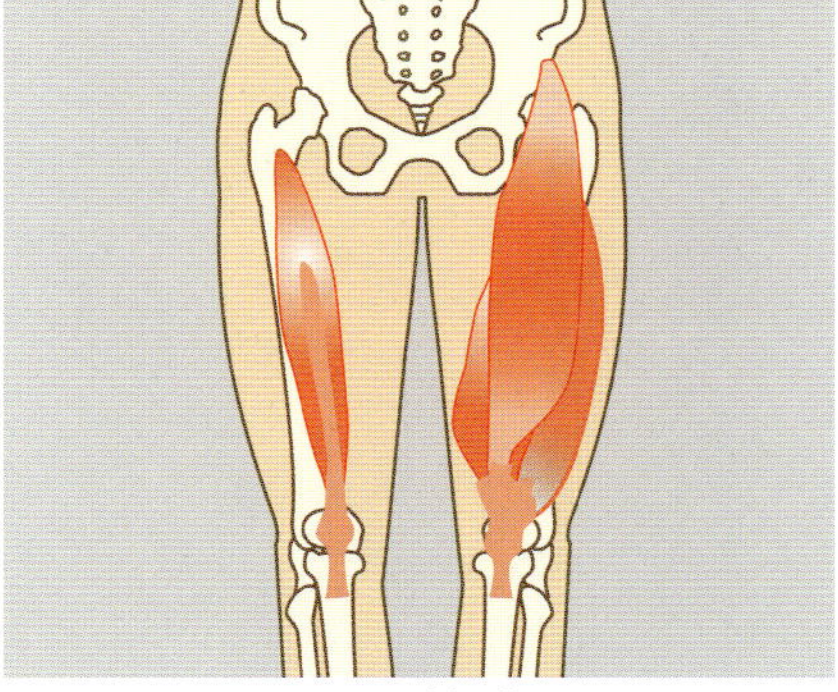

四頭筋群

Reset Conditioning

股関節のリセットコンディショニング

股関節とそのまわりの筋肉がうまく動かなくなっている状態から、まずは「クセをリセット」しましょう。ハムストリングス、大腿四頭筋、内転筋などがターゲットです。

Reset Conditioning

クルクルトントン

股関節が楽になる

改善を実感してください

- 股関節の詰まりがなくなる
- 膝が床につく
- 脚が長くなる

start

- 楽な姿勢で座り、片脚を伸ばして脱力する
- 伸ばした脚の膝下にタオルを入れる
- 反対の脚を楽な位置に置く

脱力して手で動かす

①クルクル
- ももを両手で挟むようにもつ
- 脚を手で左右にまわす
- 股関節から脚を引き抜くイメージで行う

②トントン
- ももを両手で挟むように持つ
- 脱力した脚をタオルに強めに打ちつける

モニタリング別 クルクルトントン コンディショニング

① ももがつかない
⑧ 膝が内側に入る

ももの外側には腸脛《ちょうけい》靭帯がありますが、この靭帯は大腿筋膜張筋というい小さな筋肉でコントロールされています。これらの筋肉は、中殿筋前部、反対側の内転筋とともに、走る際には大活躍する筋肉なので、疲れやすいのです。ももの外側が張ってきたら注意信号です。両方の筋肉を圧さえながら、クルクルと回しましょう。

C ももの外側が張る

大腿部内側を使えていない

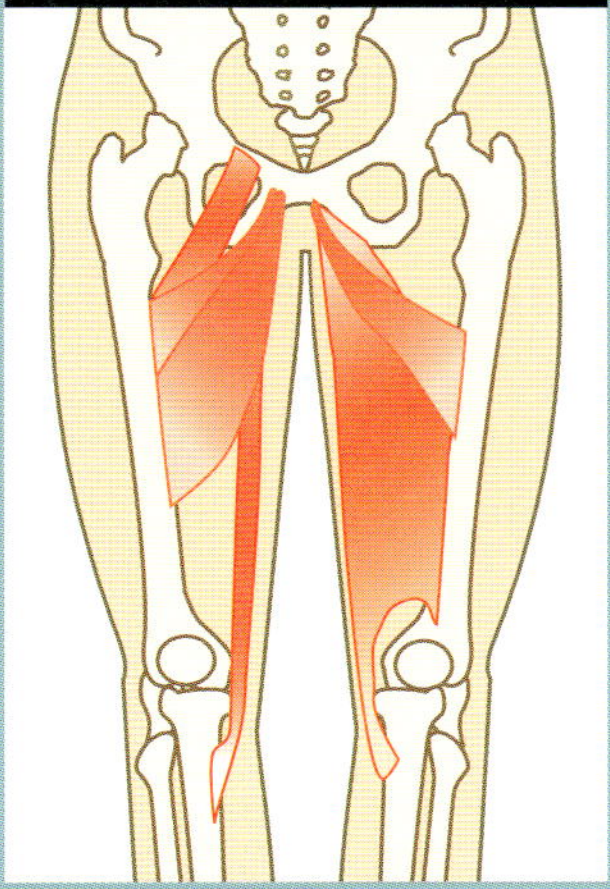

内転筋群

大腿部外側を使いすぎている

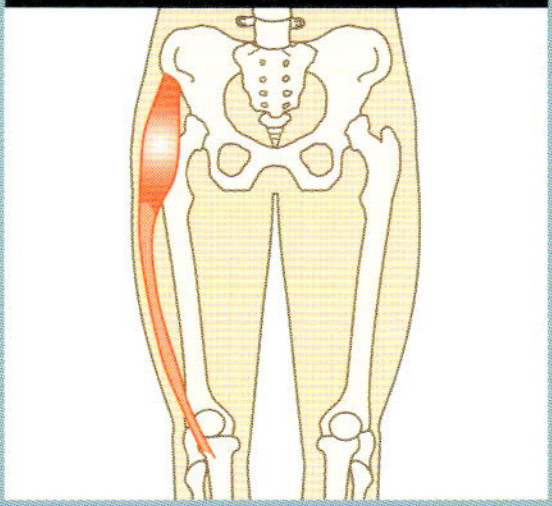

大腿筋膜張筋

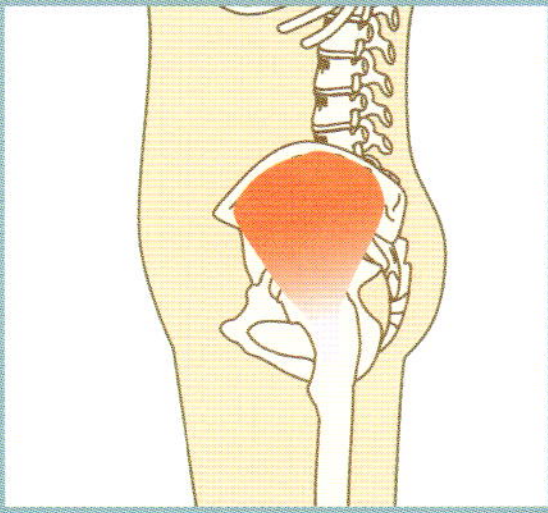

中殿筋後部

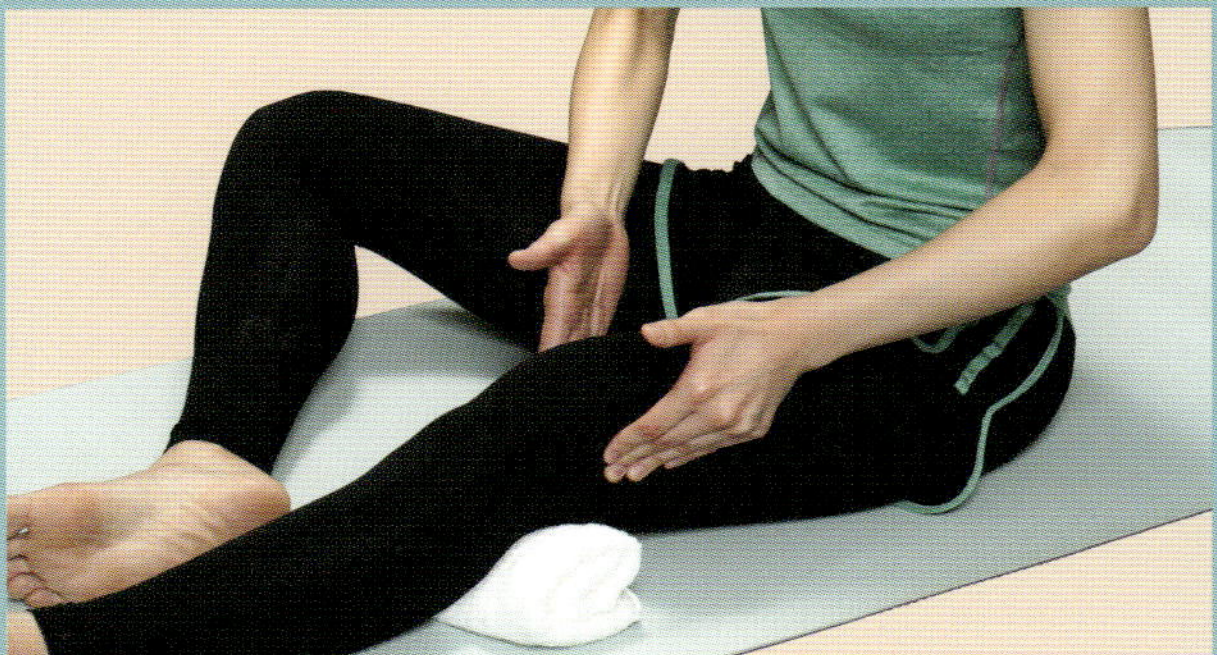

9A 膝ともも裏が浮く

もも裏が浮くのはハムストリングスが使えていないために硬くなり、伸展できなくなっているからです。そのような場合、膝窩（膝裏）には老廃物がたまっています。それぞれの場所を圧さえてトントンすることで回復します。

膝裏リンパコンディショニング

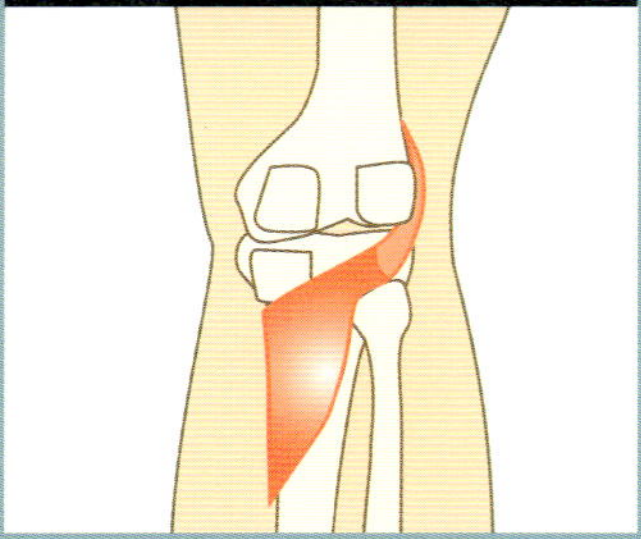

膝窩

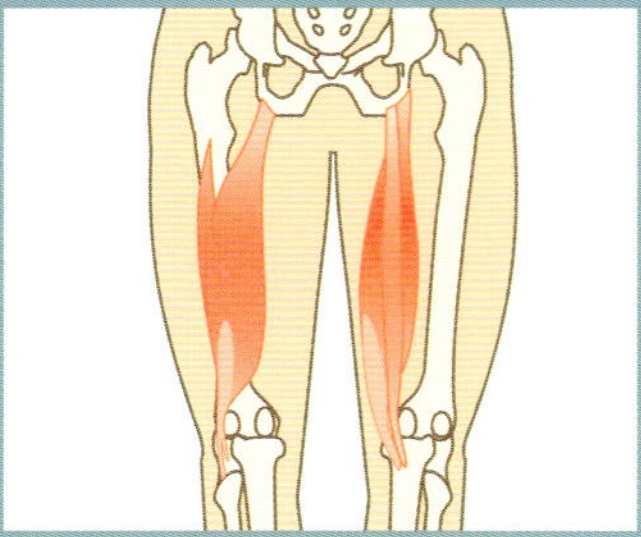

ハムストリングス

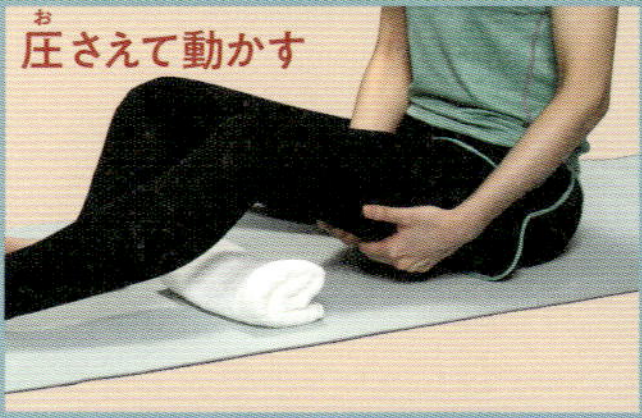

9B もも前にハリがある

もも前は走る際にハリを感じることが多い場所です。ここには大腿四頭筋という大きな筋肉があり、走る際に大きな力を発揮します。膝の違和感は、この筋肉の使いすぎが原因です。成長期の膝の痛みもこの筋肉を使いすぎて起きることがほとんどです。膝の皿の上を強く圧さえて、トントンすることで改善されます。ももが上げやすくなったり、脚が軽く感じたりします。

四頭筋群を使いすぎている

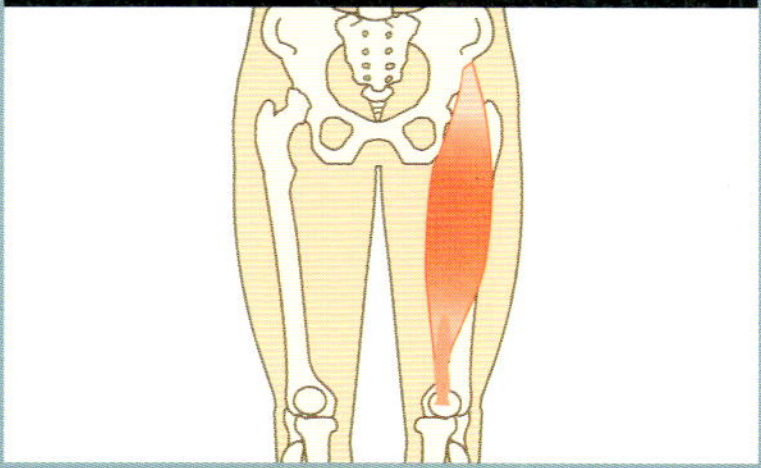

大腿直筋

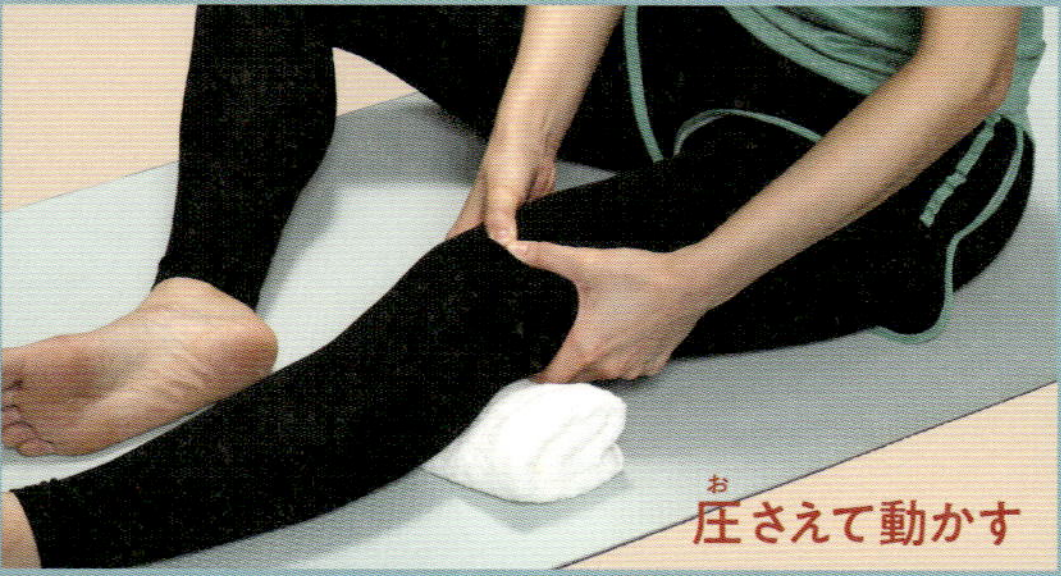

b 股関節が詰まったり、痛みが出たりする

股関節には、股関節の動きだけでなく、腰の動きにも関係する筋肉があります。腸腰筋（大腰筋と腸骨筋）は股関節を屈曲させる（ももを上げさせる）筋肉ですが、張ると腰の骨（腰椎）の動きを制限してしまいます。腰のハリや股関節の詰まりがある場合、股関節を圧さえてクルクルすると、すっと楽になります。

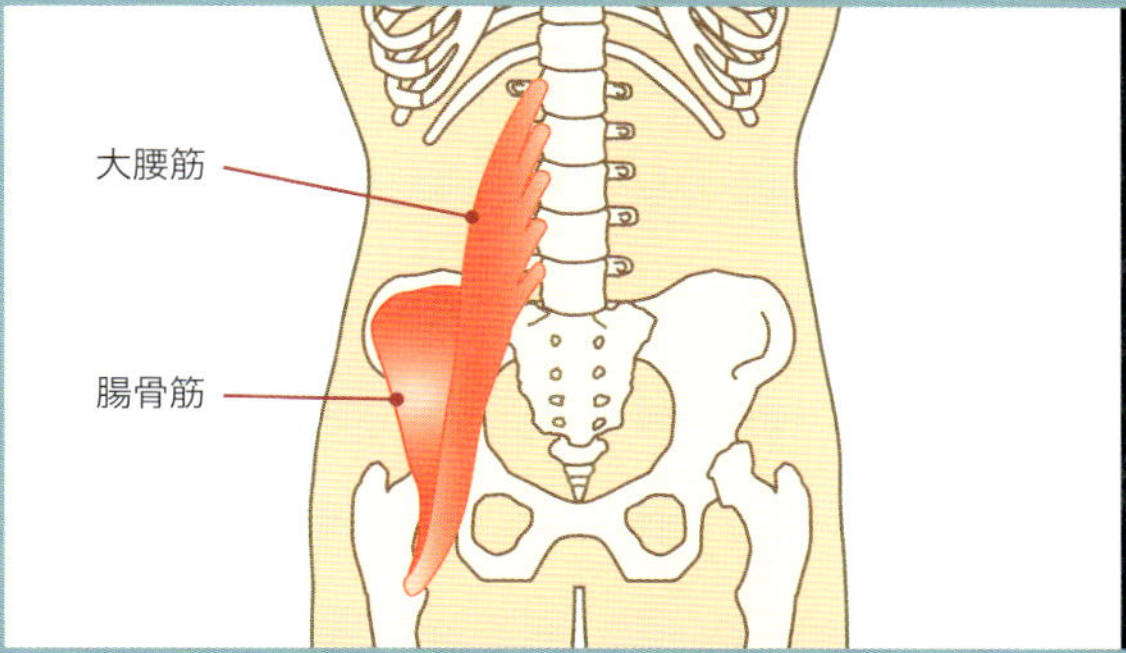

股関節に原因がある

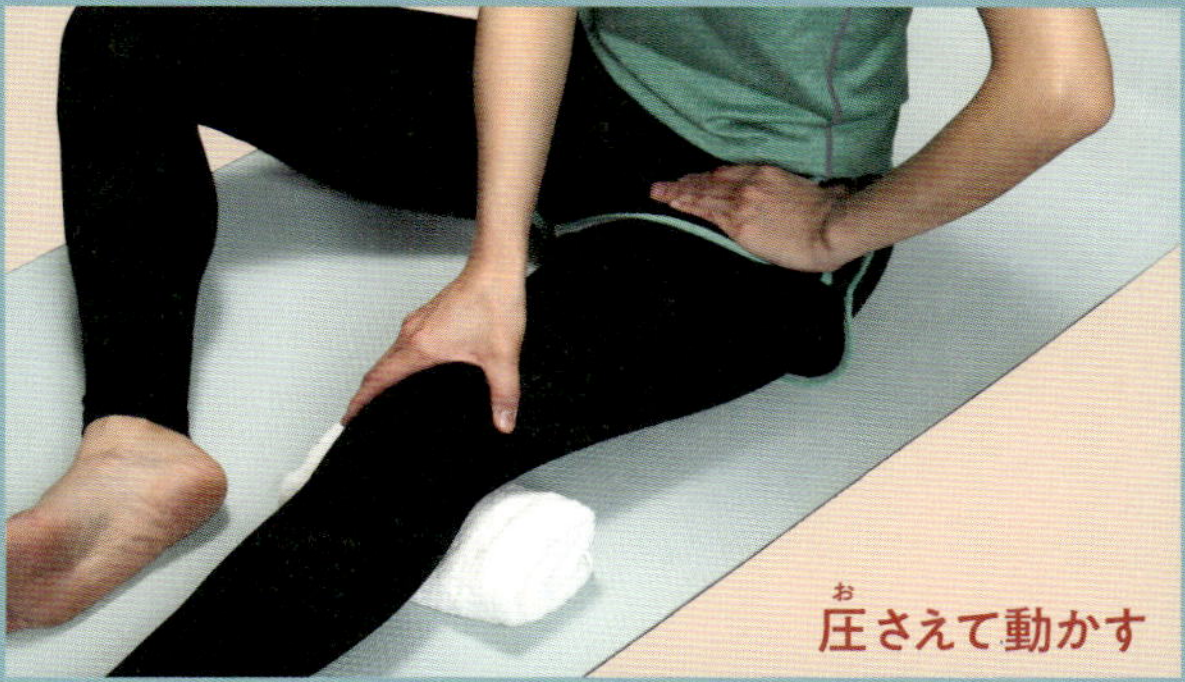

★ 股関節が硬い

股関節の硬さを嘆いている人がとても多いように感じます。ストレッチを行ってもなかなか柔軟性が上がらないのは、伸張反射が起きているのです。そんな人には、開脚をしながらのクルクルトントンをお勧めします。

伸張反射を起こさずに柔軟性を高める

Active Conditioning

股関節のアクティブコンディショニング

股関節には多くの大きな筋肉が関与しています。ていねいにアクティブコンディショニングすることで股関節が正しく動くようになり、ストライドが伸び、推進力が増します。

Active Conditioning

アブダクション

股関節を外回しする

股関節を外回しする外旋六筋と中殿筋後部のトレーニングです。これらは股関節が内側に入るのを防ぐ筋肉ですが、股関節はどうしても内回しになりやすく、弱いと故障の原因になります。使われにくいので、効いていることを意識して、ていねいに。膝が真っすぐに出るようになります。

とくにお勧め

- 膝を曲げたとき、内側に入る
- 膝と股関節の動きが不安定

- 横に寝る。ウエストの下にタオルを入れる
- 頭から尾底骨まで一直線にする
- 股関節と膝を 90 度程度曲げる

start

- 膝だけを開くように上げる

KEY 骨盤と背中を動かさない

意識ポイント おしりの横

反応をよくするには、ももの横からおしりの横に向けてさする

改善を実感してください

- 膝が真っすぐに出る
- 脚をしっかり伸ばせる
- 脚でしっかり蹴ることができる

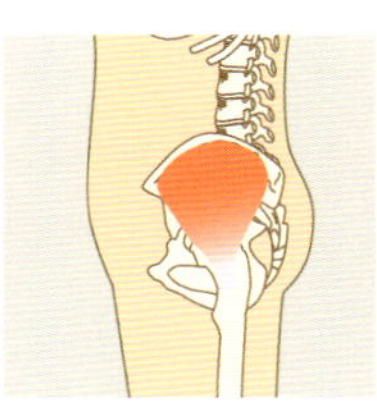

中殿筋後部

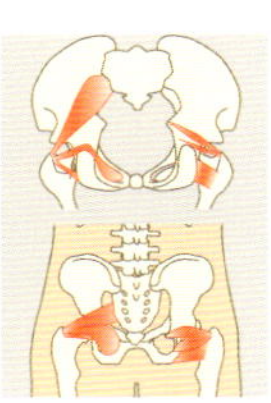

外旋六筋

Active Conditioning

アダクション

脚が真っすぐに出る

内転筋群は、脚を外回しする筋肉と共同して働く筋肉です。ここが使えないと、骨盤底筋群（コア）も使えなくなり、上体のぶれにつながります。もも前の筋肉ではなく、内転筋をしっかり使うために、上げるときはかかとが尾底骨より後ろにくるようにします。膝をしっかり伸ばして脚を上げてください。

とくにお勧め

・膝を曲げたとき、内側に入る
・膝と股関節の動きが不安定

改善を実感してください

●脚が真っすぐに出る
●脚をしっかり伸ばせる
●股関節が安定する

start

・横に寝て、ウエストの下にタオルを入れる
・頭から尾底骨まで一直線にする
・かかとは尾底骨の少し後ろに置く

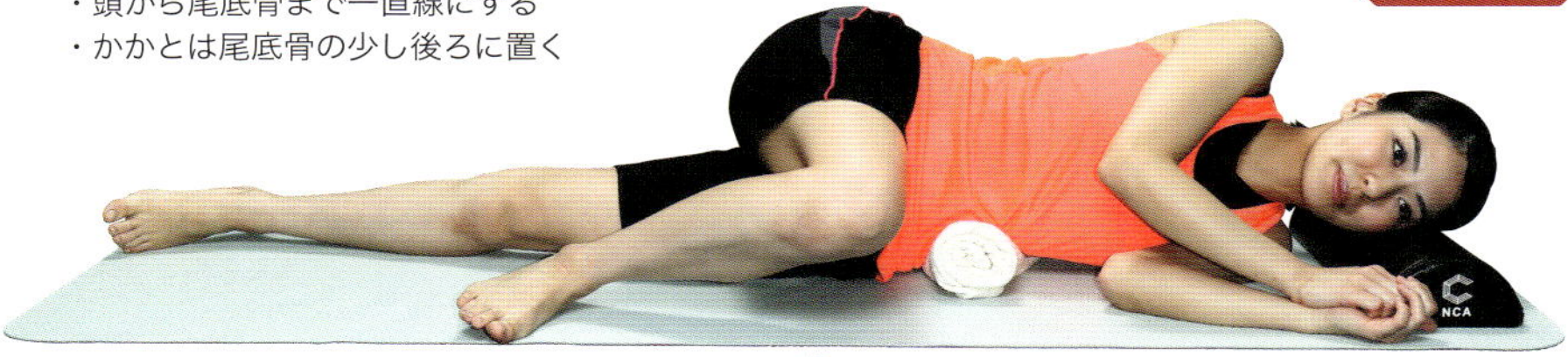

・下の脚を上げる
・内ももを意識する

KEY 上げた脚の膝とつま先を下に向ける

意識ポイント ももの内側

反応をよくするには、内転筋に沿って、内ももを膝から上へさする

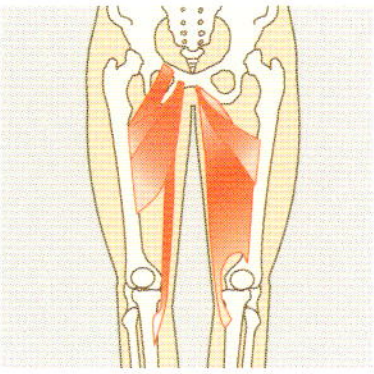

内転筋群

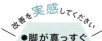

Active
Conditioning

レッグカール

膝が伸びる

膝が曲がったまま、もも裏が硬いと感じる人にやっていただきたいコンディショニングです。もも裏が硬いのは、使えていないからです。膝をしっかり曲げることを意識すると、弾力が取り戻され、伸ばされやすくなります。多く走った日こそ、レッグカールも多めに行います。

とくにお勧め

- 股関節が動きにくい
- 脚が疲れている
- 座ったときや寝たときに膝が浮く

改善を実感してください

- **膝が伸びやすい**
- **もも裏が柔らかい**
- **地面をよく蹴ることができる**

start

- うつ伏せに寝て、おへその下にタオルを入れる
- おでこの下に手を重ねる
- 脚をそろえる
- かかとと背骨を一直線にする

- 息を吐き、おへそを引き込みながら、膝を曲げる
- かかとがおしりにつくような意識で行う
- もも裏の筋肉を使うように意識する

KEY **おしりが上がるなら、股関節の下にタオルを入れる**

意識ポイント もも裏(ハムストリングス)

反応をよくするには、もも裏をさする

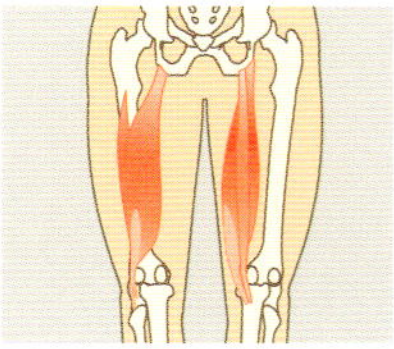

ハムストリングス

Active Conditioning

レッグカール 高さをつける

レッグカールは、股関節伸展と膝関節屈曲の運動です。コンディショニングポールなどに乗せて膝を上げることで、ハムストリングスにより効きます。

\start/

・ポールを膝の上にくるように置く
・うつ伏せに寝て、おへその下にタオルを入れる
・おでこの下に手を重ねる
・脚をそろえる（脚は浮いた状態）

・息を吐き、おへそを引き込みながら、膝を曲げる
・かかとがお尻につくような意識で行う
・もも裏を意識する

KEY 股関節が曲がるならタオルを入れる

Active Conditioning

レッグカール 膝つき

横になれない場所などで行えるレッグカールです。股関節伸展位で膝をつき、軸（身体の真ん中）を保ち、膝を曲げます。強度が高くなります。

\start/

・膝を後ろにつき、つま先を真っすぐ後ろに向ける
・前足を立て、つま先を真っすぐにする
・中心軸（身体の真ん中）を確認する
・手を前足のももの上に置く

・息を吐き、おへそを引き込みながら、膝を曲げる
・もも裏を意識する

KEY 足首の力を抜き、膝だけを曲げる

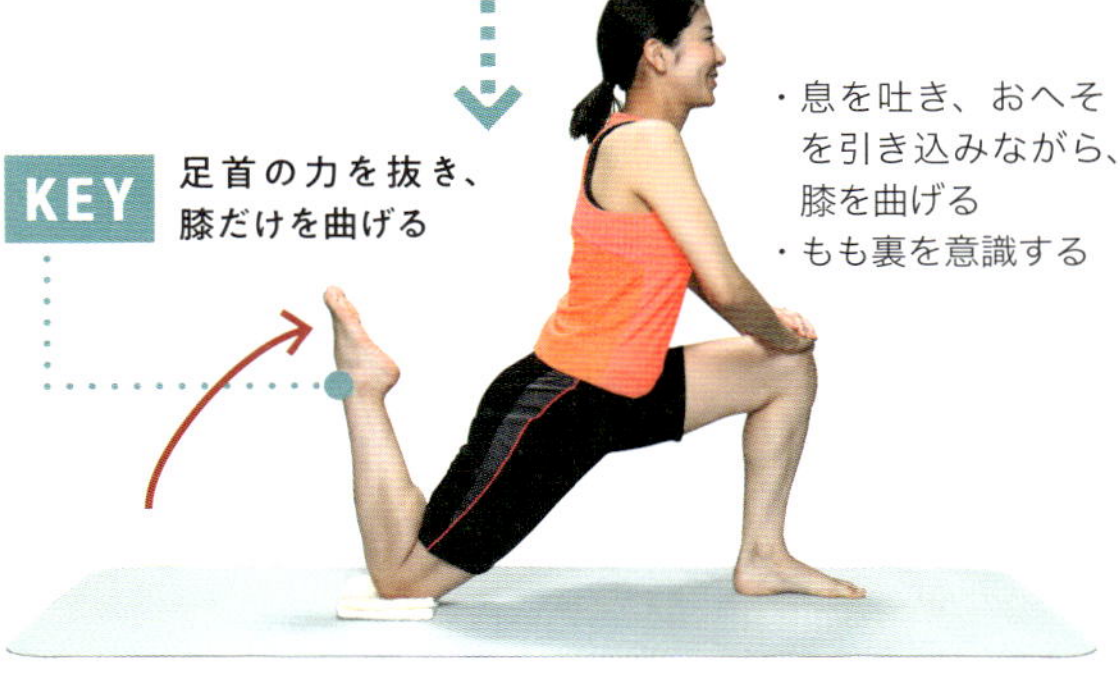

Active Conditioning

ヒップエクステンション

股関節を安定させる

大殿筋は地面を蹴る上で大切な筋肉です。ここを使えず、ストライドが伸びない、スピードが上がらないと嘆くランナーが多いようです。股関節を伸展させるこの筋肉がしっかり働けば、地面をしっかり蹴れるようになります。大きな筋肉なので、正しく使えるようになると、走りが楽になります。

とくにお勧め

- 座ったときや寝たときに膝が浮く
- 膝と股関節の動きが不安定
- 上体が股関節に乗らない

改善を実感してください

- **股関節がしっかり伸びる**
- **脚をしっかり伸ばせる**
- **軸が安定する**

start

- うつ伏せに寝て、おへその下にタオルを入れる
- おでこの下に手を重ねる
- 片足は、つま先を立て、膝を伸ばしておく

KEY かかとを突き出し、膝を伸ばす

- 息を吐き、おへそを引き込みながら、脚を上げる
- 骨盤を床につけたまま、脚を上げる
- おしりの筋肉を使うことを意識する

意識ポイント 大殿筋

反応をよくするには、おしりをさする

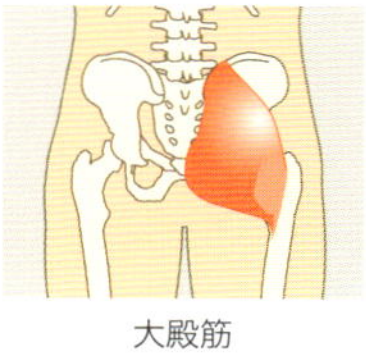

大殿筋

バスタイムに

入浴中のコンディショニング

朝のシャワータイムにちょっと腰を下ろして、あるいは一日の疲れをいやすバスタブの中で、ゆっくりケアをしてください。

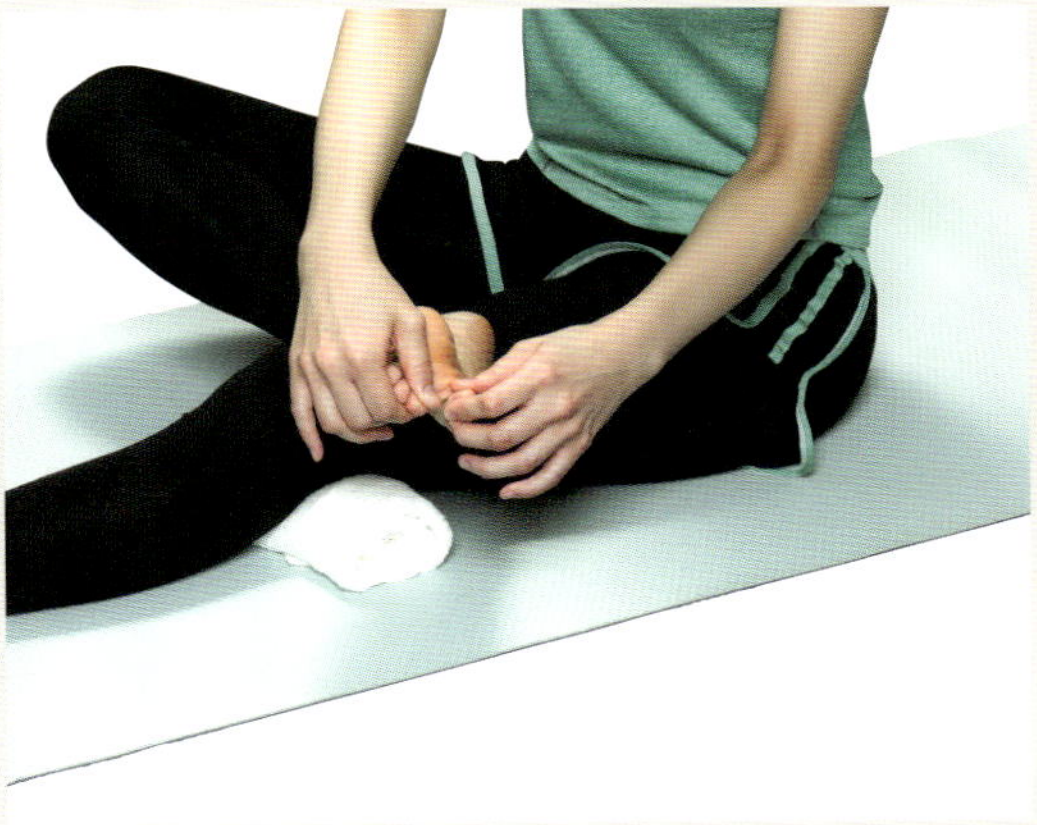

となり合う足の指をつかんで前後に開き、それぞれの指にたまっている疲れをとる

指分け
▼
P086

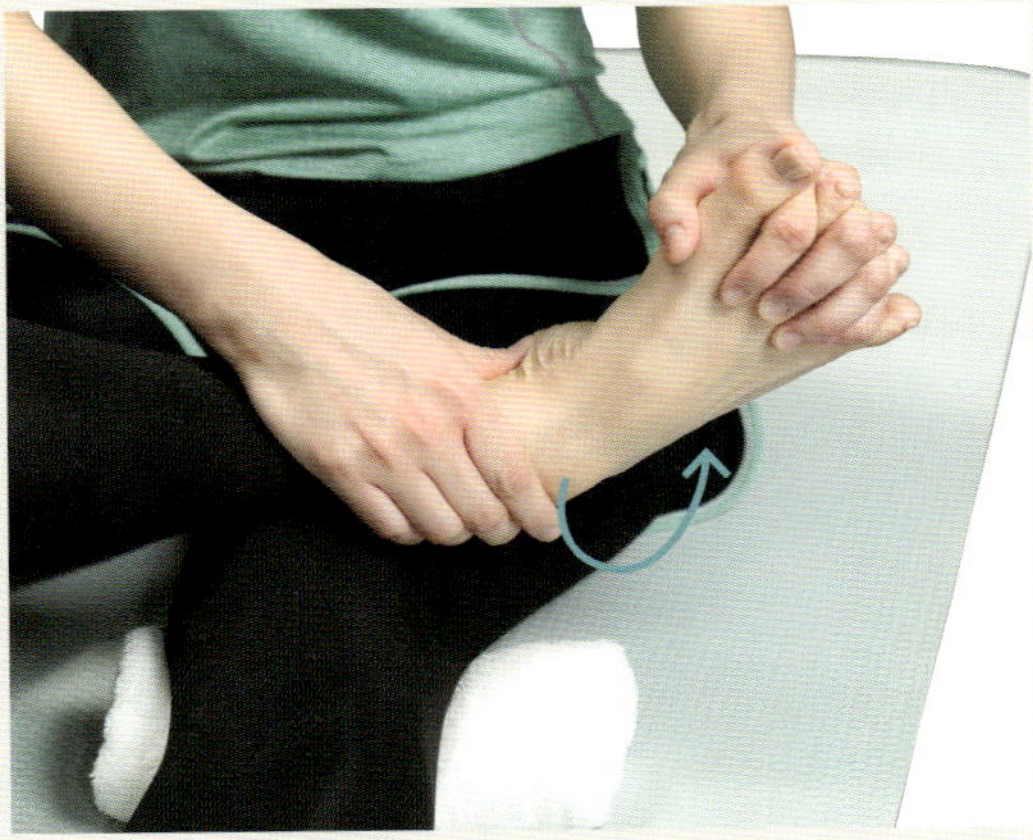

手と足の指で握手をするように、指どうしをしっかり組む。そのまま、足首を両方向に大きく回す

足首回し
▼
P088

Conditioning

2 膝関節のコンディショニング

膝は、ランナーにとって故障が多い場所です。足を着地したときにつま先と膝の方向が合っていないと、膝に捻れが生じて故障につながります。また、その捻れが、足首や股関節にも影響を及ぼします。膝は正しく使いましょう。

こんな人にお勧め！

モニタリング結果が──

- **A** 脚を閉じて立つ
  ▼ ② ふくらはぎがつかない
- **C-1** 長座になる
  ▼ 9A 膝ともも裏が浮く ＊

ランニング時や日常生活で──

- **e** 着地時に膝が伸びない ＊
- **f** 膝裏が張る ＊
- **g** 膝が痛くなる ＊
- **h** ふくらはぎが張る
- **i** ふくらはぎにむくみがある
- **j** 膝下が外に流れる

＊印の症状は、「股関節のコンディショニング（P062～）も行ってください

コンディショニングのターゲット

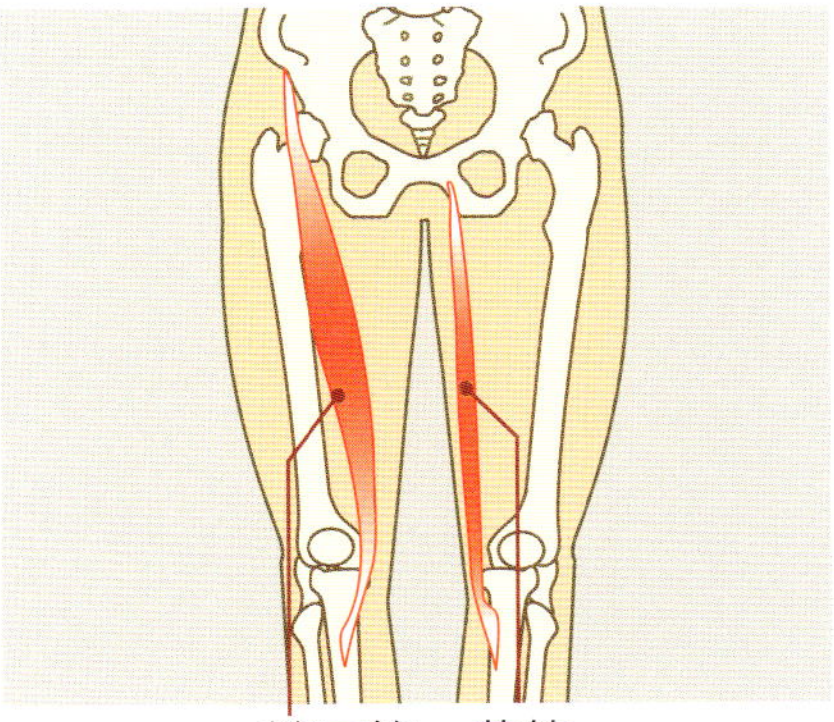

縫工筋　薄筋

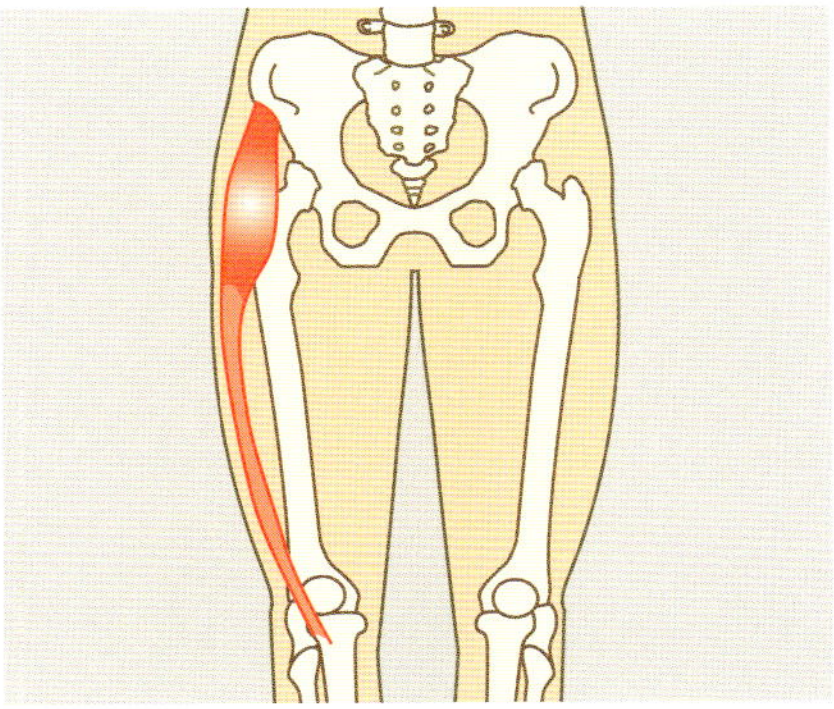

大腿筋膜張筋

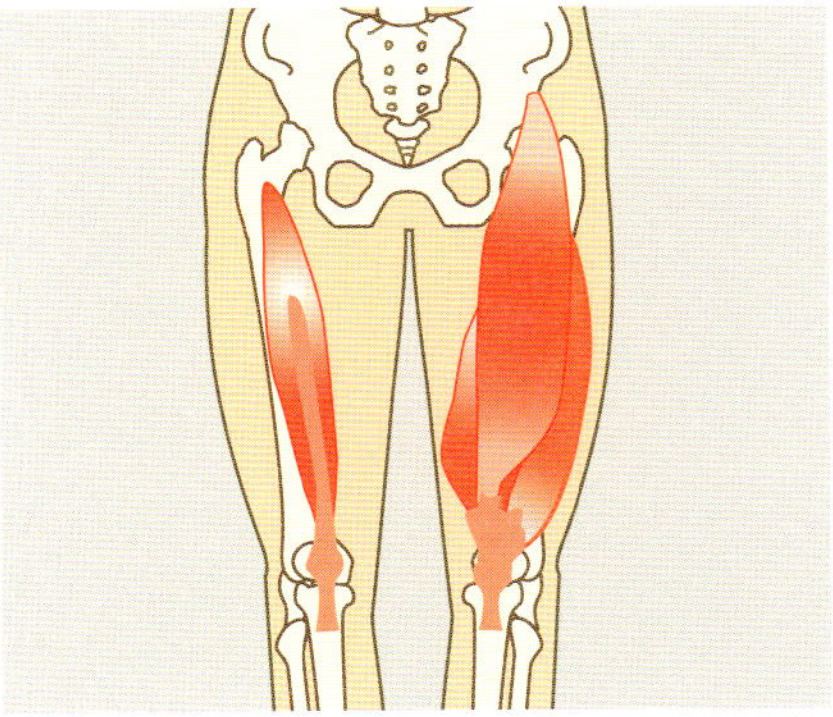

大腿四頭筋

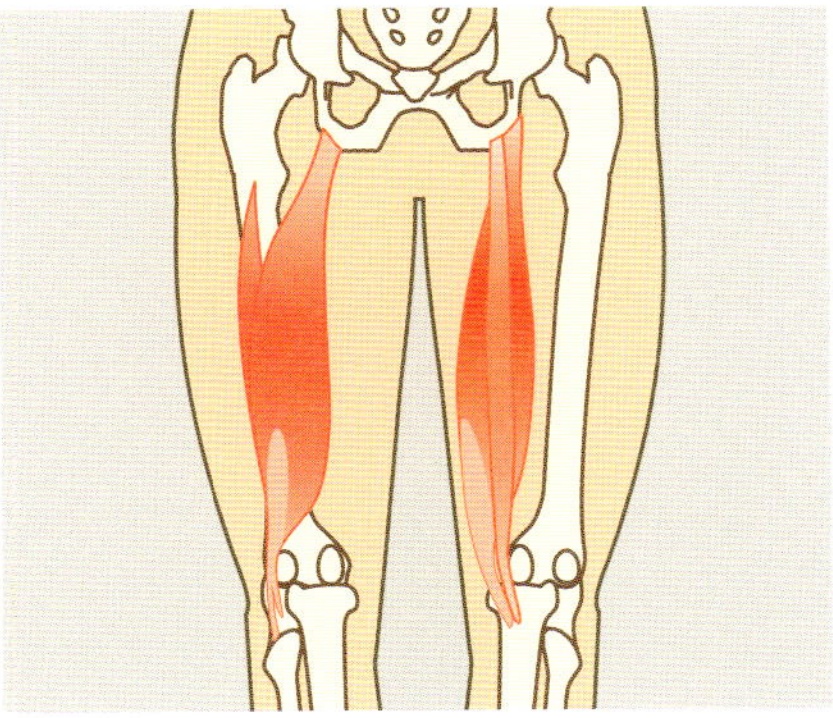

ハムストリングス

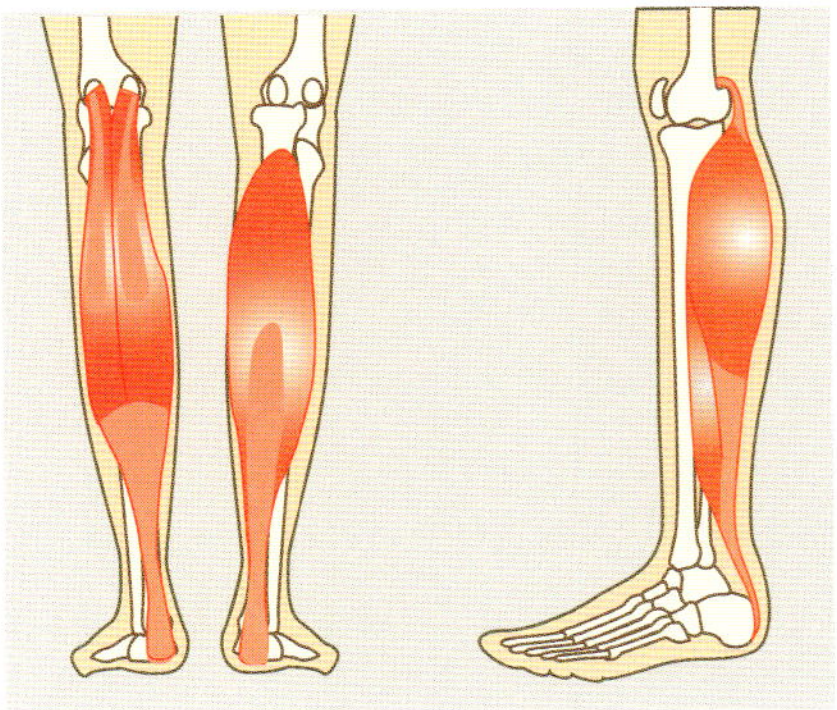

下腿三頭筋

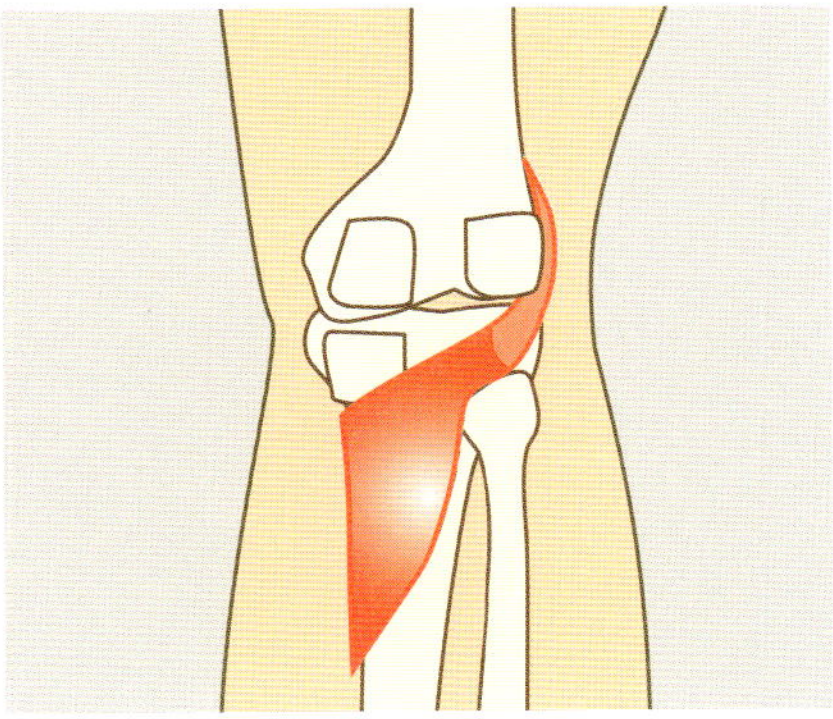

膝窩

Reset Conditioning

膝関節のリセットコンディショニング

捻れてしまっている膝の向きをリセットしましょう。それによって脚の内側と外側の筋肉のバランスがとれ、地面をしっかり踏めるようになります。

Reset Conditioning

トントン

膝がしっかり伸びる

改善を**実感**してください

- 膝関節を動かしやすくなる
- 膝が床につく
- 地面をしっかり蹴ることができる

\start/

・楽な姿勢で座り、片脚を伸ばす
・伸ばした脚の膝下にタオルを入れる
・もう一方の脚を楽な位置に置く

脱力し、手で動かす

・ももを両手で挟むように持つ
・脱力した脚をタオルに強めに打ちつける

KEY 膝を伸ばすように打ちつける

モニタリング別 トントン コンディショニング

② ふくらはぎがつかない

脚をそろえて立っても、膝の曲がりが大きいと、もも裏やふくらはぎの上部がつかないことがあります。ふくらはぎのハリがひどいときに多く現れます。そんな場合には、ふくらはぎの上部をしっかり圧さえて、トントンとタオルに押しつけます。

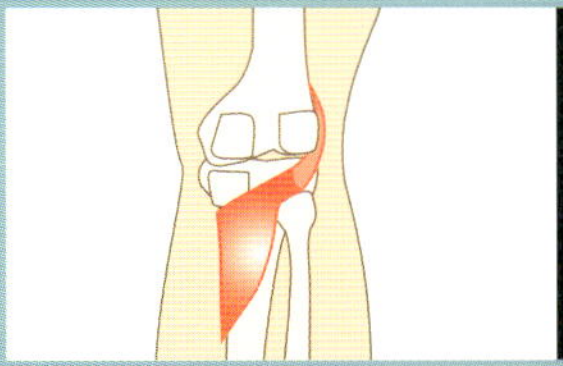

膝窩を使いすぎている

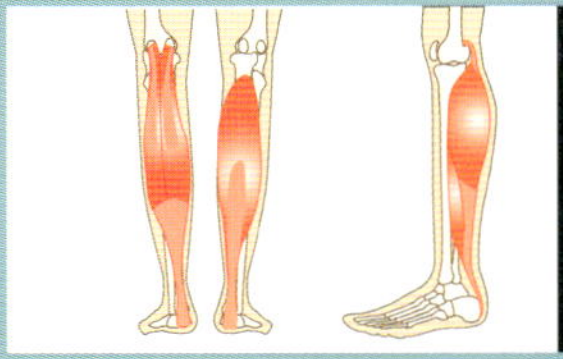

腓腹筋を使えていない

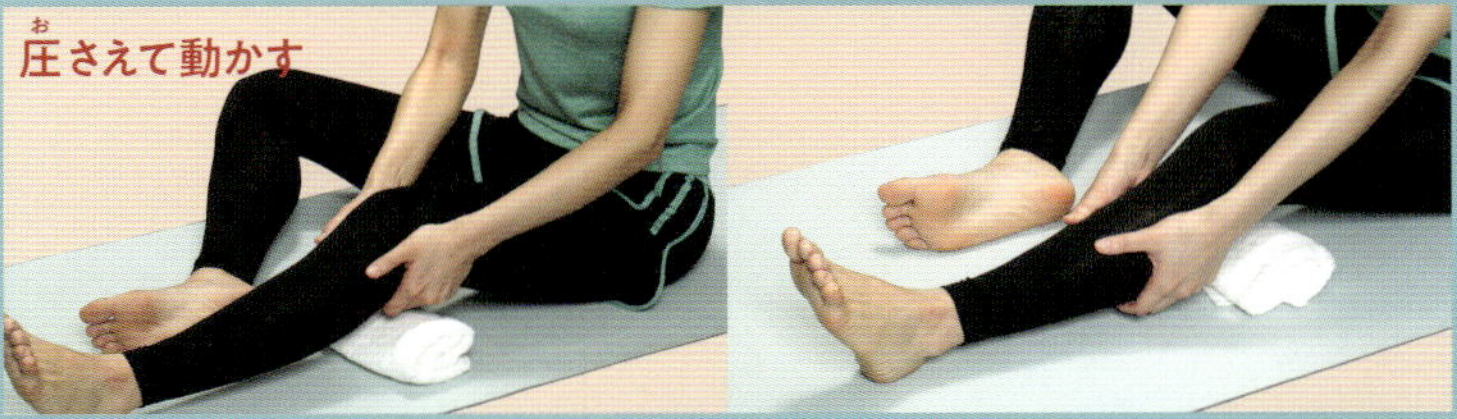

---

h i ふくらはぎが張る ふくらはぎにむくみがある

ふくらはぎが疲れてくると、靴下の跡が消えなかったり、ハリ感があったりします。むくみは、筋肉の働きが鈍って血流が悪くなっている証です。流れがいい下腿をつくりたいものです。

下腿リンパコンディショニング

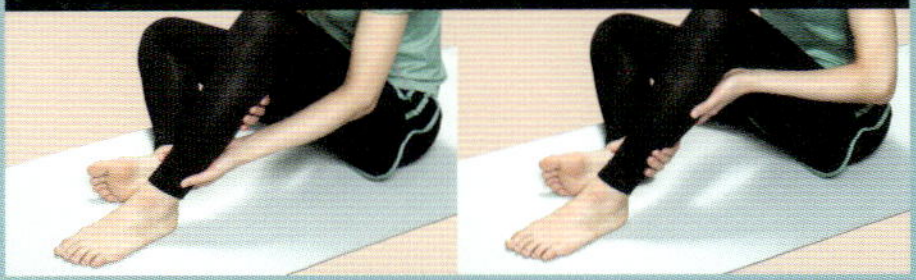

下から上へさする
手のひらをふくらはぎにあて、下から上へさする

つま先を上げ下げする
ふくらはぎの硬いところを圧さえ、つま先を上げる

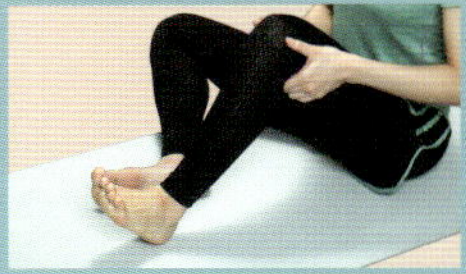

膝窩を圧さえながら
膝の裏の少しふくらはぎ側を圧さえ、ポコッとしている場所があれば、そこを圧さえながら、つま先を上げ下げする

j 膝下が外に流れる

走っていて膝下が外に流れるのは、膝下が外回しになることが一番の原因です。そして、その動きにかかわっているのは、ももの筋肉です。ももの内側にある、半腱・半膜様筋、薄筋、ももの前側に斜めにある縫工筋という筋肉が使えていないからです。それらの筋肉は鵞足という場所についているので、そこを圧さえてクルクルトントンを行うと膝下の動きがよくなります。また、使いすぎている太もも外側の筋肉（大腿二頭筋、大腿筋膜張筋）も一緒に圧さえるとより効果的です。

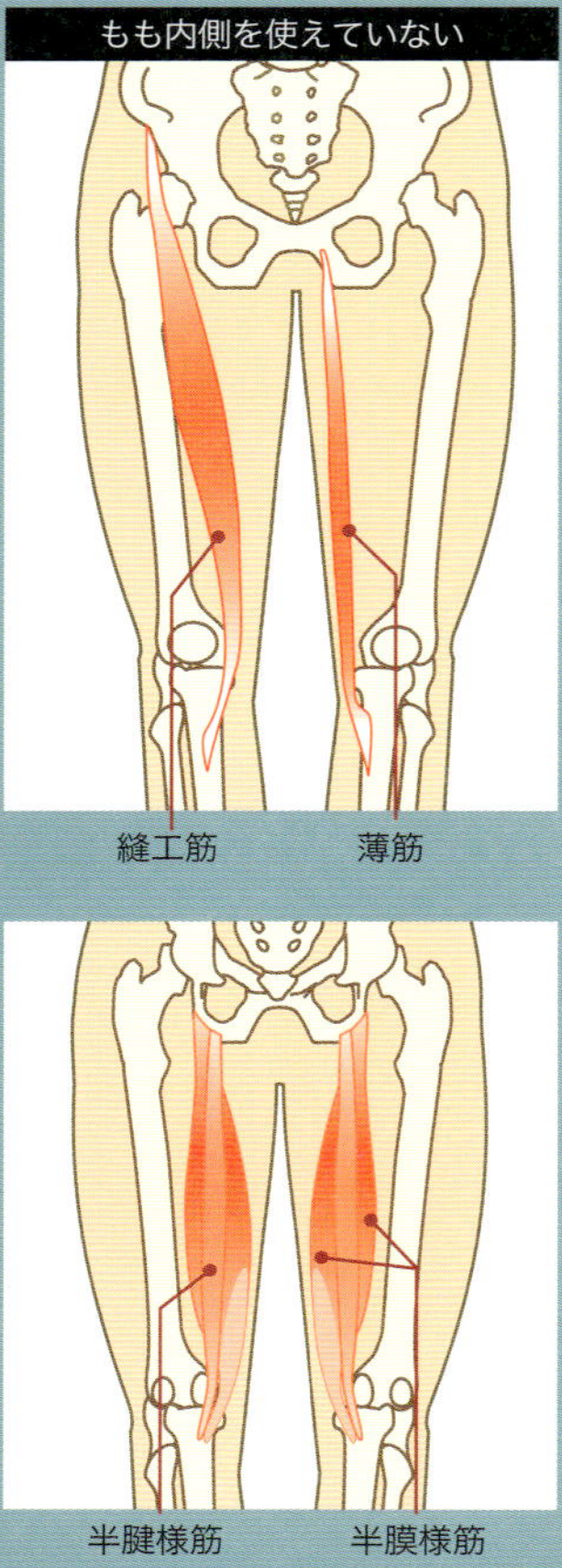

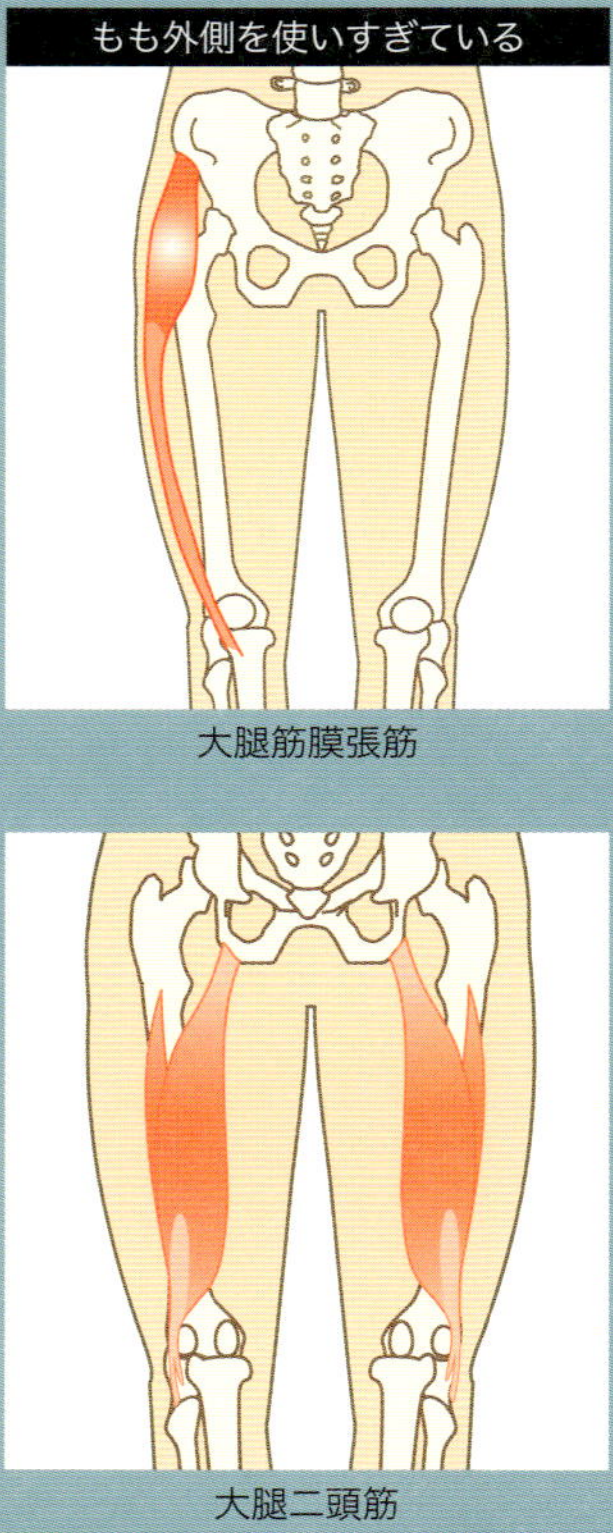

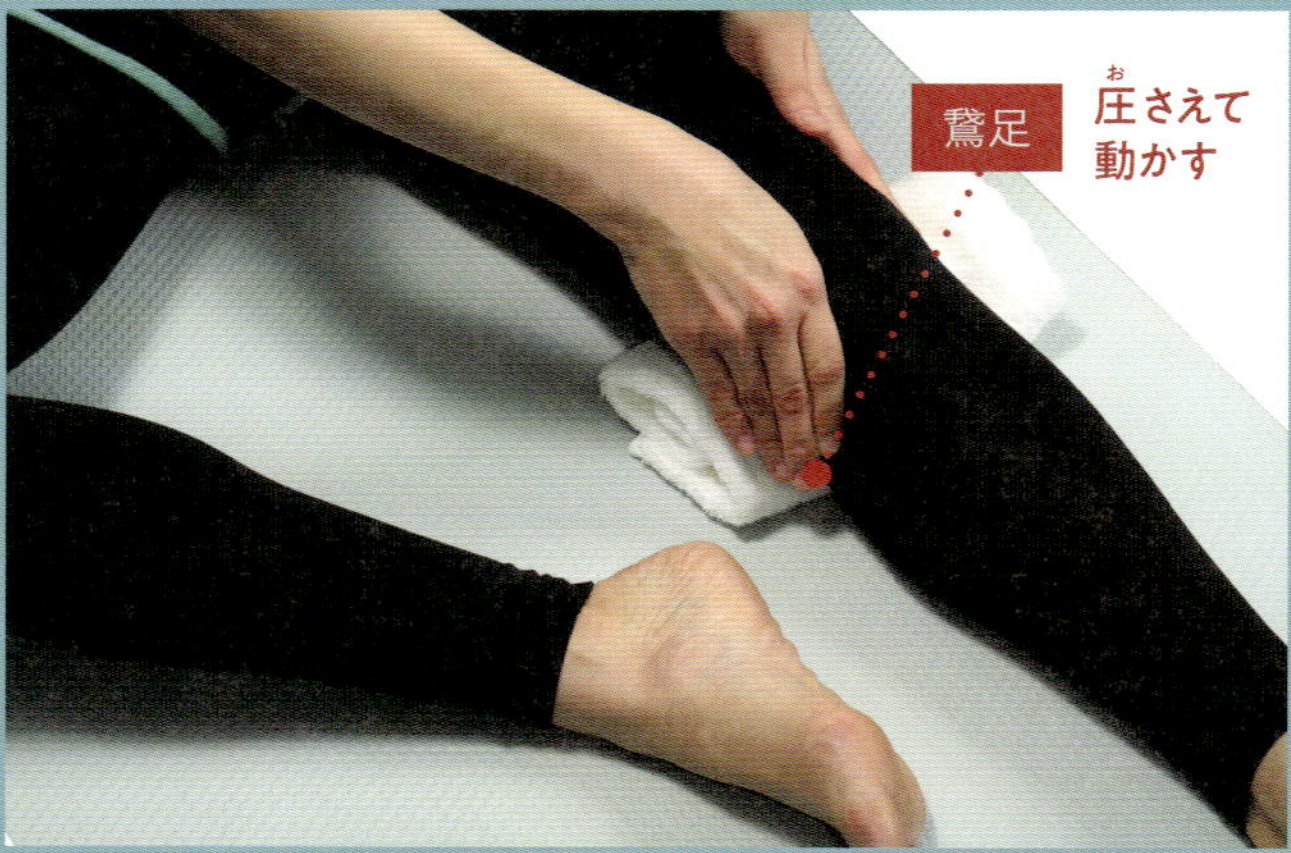

Short Time Conditioning 2

隙間時間にできるコンディショニング

ベッドの中で

目覚めた直後と就寝前のコンディショニング

寝起きの頭や身体をしゃきっと目覚めさせるコンディショニングと、深い睡眠をじっくりとるためのコンディショニングです。一日の身体のリズムを整えます。

両手を上げ、交互に上げ下げする。床につく背中の面積が広がり、寝る前ならゆっくり休める。目覚めたばかりの場合、活動のスイッチを身体に入れられる

胸椎クルクルトントン ▼P112

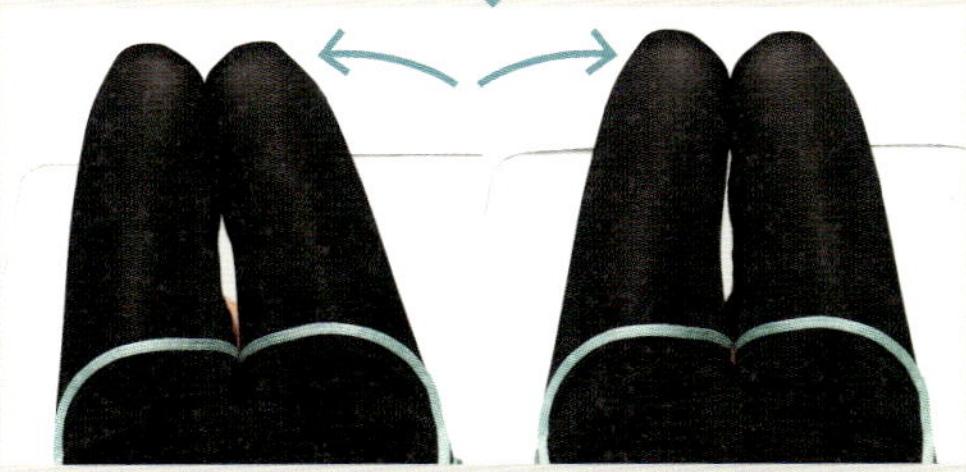

両膝を立て、膝をそろえたまま、腰の幅の範囲で左右に揺する。床につく腰の面積が広がり、ゆっくり休める。目覚めたばかりの場合、活動のスイッチを身体に入れられる

腰椎クルクルクル ▼P113

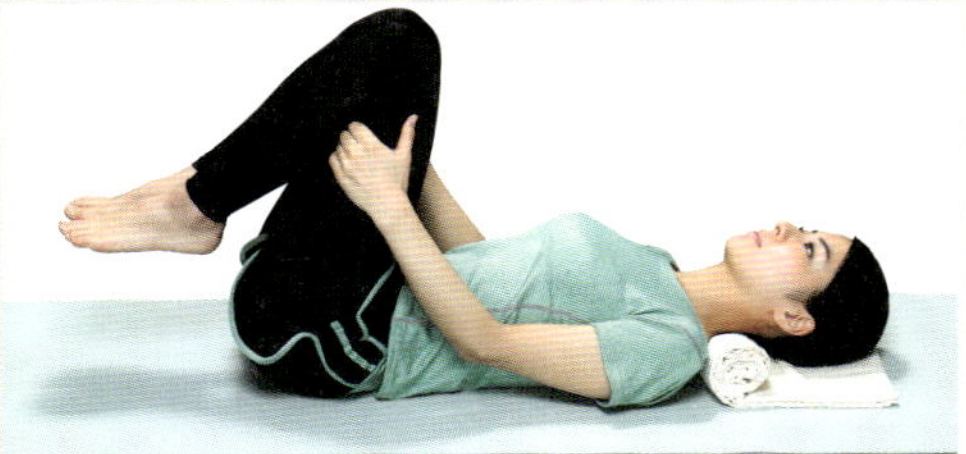

仰向けで両手をももの裏にあて、息を吐きながら膝を引き寄せ、吸いながら戻す。骨盤の動きを感じられるようになる

腰椎トントントン ▼P114

Active Conditioning

膝関節のアクティブコンディショニング

膝まわりの筋肉の再教育は、膝を真っすぐに伸ばせるようにすることです。まずは、意識して膝をきちんと伸ばすことから始めましょう。

Active Conditioning

ニーエクステンション

膝がきちんと伸びる

膝は真っすぐに伸ばして使うことが大切な関節です。伸ばすことで、足が地面についたときに力を効率よく上体に伝えます。伸ばすのは、膝上の大腿四頭筋。これを再教育します。また、膝は、ハムストリングスが使えないと伸びづらくなります。伸びづらい場合、レッグカールを先に行います。

とくにお勧め

- 座ったときに膝が浮く
- つま先が外に向く

start

- 片脚を伸ばし、骨盤を立てて座る
- 立てた脚を手で支え、背すじを伸ばす

- 緩んでいる膝をしっかり伸ばす
- 膝だけに意識を集中する

KEY 膝裏を床につけるように行う

改善を実感してください

- 膝が伸びやすくなる
- 膝裏が床につく
- 地面をしっかり押せるようになる

意識ポイント

大腿四頭筋

膝上の筋肉を手で上に引き上げる

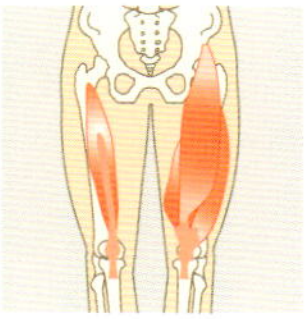

大腿四頭筋

Active Conditioning

ヒールスライド

股関節、膝、足首を連動させる

このコンディショニングは、下肢の連動の再教育です。連動は、各部分を正しく動かすことで身につきます。脚に体重をかけない状態で真っすぐに動かすことを再教育します。股関節、膝、足首を真っすぐに並べて動かすように意識してください。連続して行うことで、脳がこの動かし方を思い出します。

とくにお勧め

- 静止姿勢で整っていても、動くと膝が内側に入る
- 立っているときは平行でも、膝を曲げると内側に入る

改善を実感してください

- **膝が内側に入らなくなる**
- **立ちやすくなる**
- **脚が真っすぐに出るようになる**

start

- 片脚を伸ばし、骨盤を立てて座る
- 立てた脚を手で支え、背すじを伸ばす

意識ポイント
膝と足首の真ん中を一直線にする

反応をよくするには
もも前をさする

- 腰骨、膝の真ん中、足首の真ん中をそろえることを意識して脚を伸ばす
- 膝の真ん中を意識しながら戻す

KEY **かかとが一直線上を動くようにする**

Active Conditioning

ニーローテーション

足の着地が安定する

本来、膝下とつま先は膝と同じ方向に出てほしいのですが、つま先だけが外に向くランナーが多いようです。これでは、地面を蹴る足の力が効率よく伝わりません。膝下を動かす筋肉は、ももの内側にあります。このコンディショニングを行う際は、ももの内側を意識します。足でコントロールするのではなく、すねの骨が動く感覚をつかめるといいでしょう。

とくにお勧め

- つま先が外へ向く
- 膝が真っすぐではない
- 足元がぐらつく
- アブダクション、アダクション、ヒップエクステンションを行っても、脚が安定しない

改善を実感してください

- つま先が真っすぐ前向きで動きやすい
- 膝とつま先が同じ方向に出る
- 膝をしっかり伸ばせる
- 軸が安定する

start

- 体育座りになり、膝とつま先を一直線にする
- 膝が内側に入らないように、ポールやタオルなどを挟む

- つま先を少し上げる
- 足指のつけ根を床につけ、膝下全体を内側に動かす

意識ポイント
ももの内側

反応をよくするには、膝から股関節にかけて、内ももともも裏の内側をさする

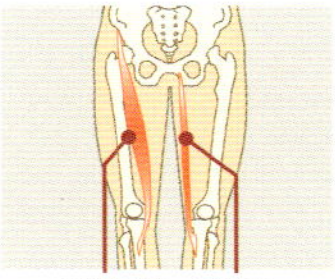

縫工筋　薄筋

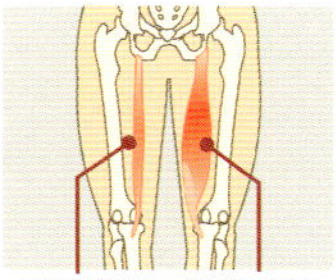

半腱様筋　半膜様筋

Short Time Conditioning

3

隙間時間にできるコンディショニング

朝のお勧め

ストロングブレス
▼P118

一息吸い、「ハッハッハッハッ」と小刻みに3～5回で息を吐ききる。吐く際はおなかの両側にあてた手で押すようにし、ウエストを中央に集めるイメージで行う

夜のお勧め

アブブレス
▼P118

鼻から吸った息を細く長くゆっくりと吐ききる。おなかをへこませ、60～70%を出すイメージで行う。リラックス神経である副交感神経が優位になる

呼吸を知ろう

呼吸のスピードと吐く深さによって、自律神経や精神面のコントロールができます。
ゆっくり（～70%）→副交感神経優位→リラックスできる
速く（70%～）→交感神経優位→気合を入れられる

Conditioning

3 足首のコンディショニング

足首と足部は、地面を蹴る大切な場所です。アーチをつくり、衝撃を和らげ、地面からの力を走りに変えます。地面への接地の仕方で、スピードやストライドが変わります。足首にはふくらはぎとすねの筋肉が腱になって通り、足の甲と足裏に付着しています。また、足裏には小さな筋肉が何層にも重なっているので、コンディショニングが重要になります。

こんな人にお勧め

モニタリング結果が――

A 脚を閉じて立つ
▼③くるぶしがつかない

D 足を見る
▼⑮指が曲がっている
▼⑯親指が寄っている
▼⑰小指が横に倒れている

ランニング時や日常生活で――

k 足の裏が張る（足底筋膜炎）

l 捻挫しやすい

m 足の甲が張る（疲労骨折）

n すねが疲れる（シンスプリント）

コンディショニングのターゲット

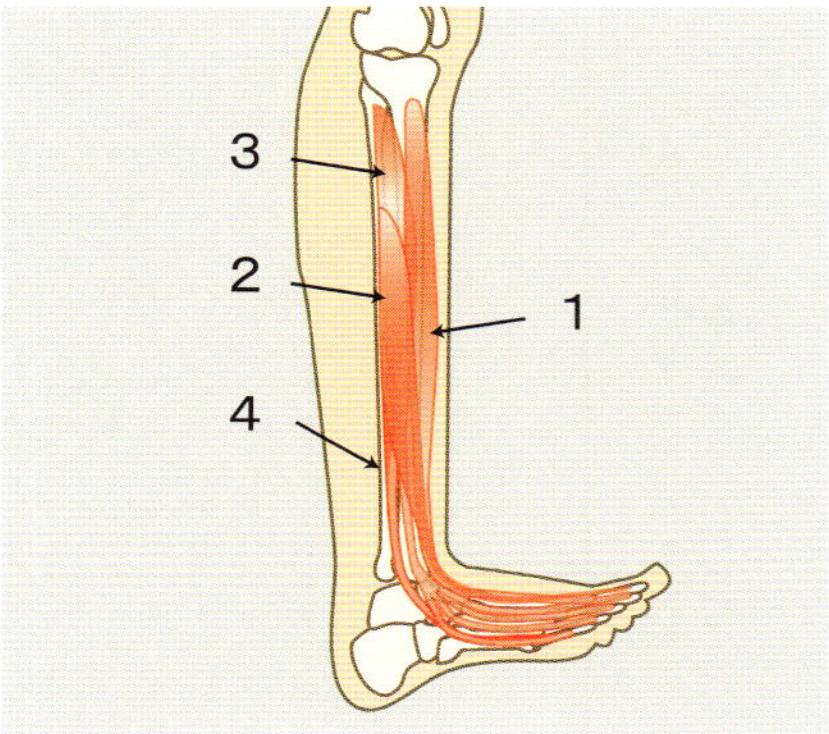

背屈

1　前脛骨筋《ぜんけいこつきん》
2　長《ちょう》母《ぼ》趾《し》伸筋《しんきん》
3　長《ちょう》趾《し》伸筋《しんきん》
4　第三《だいさん》腓《ひ》骨筋《こつきん》

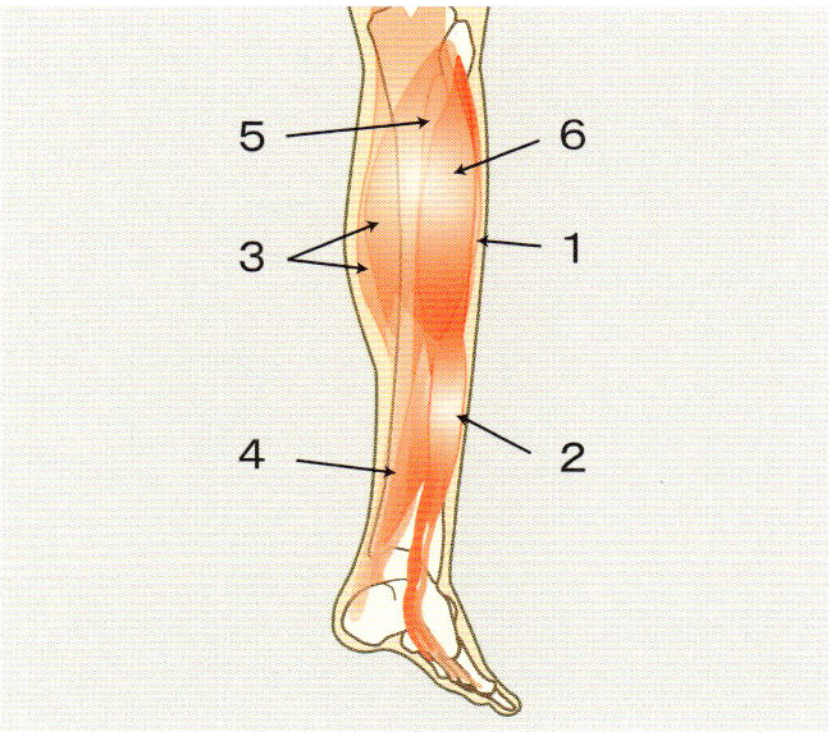

底屈

1　長《ちょう》腓《ひ》骨筋《こつきん》
2　短《たん》腓《ひ》骨筋《こつきん》
3　下《か》腿三頭筋《たいさんとうきん》
4　長《ちょう》母《ぼ》趾《し》屈筋《くっきん》
5　後脛骨筋《こうけいこつきん》
6　長《ちょう》趾《し》屈筋《くっきん》

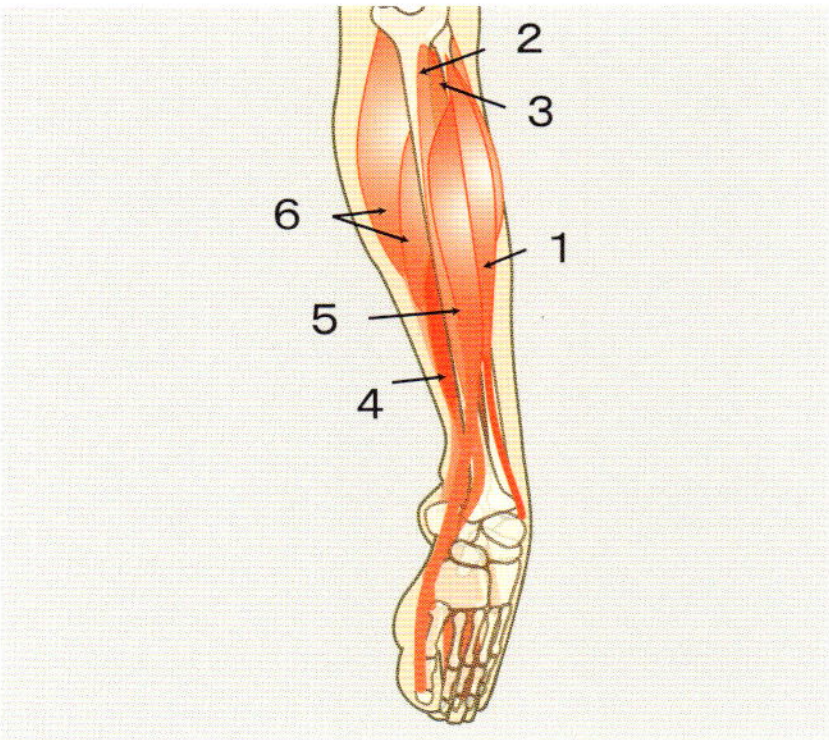

内反

1　長《ちょう》母《ぼ》趾《し》伸筋《しんきん》
2　前脛骨筋《ぜんけいこつきん》
3　後脛骨筋《こうけいこつきん》
4　長《ちょう》趾《し》屈筋《くっきん》
5　長《ちょう》母《ぼ》趾《し》屈筋《くっきん》
6　下《か》腿三頭筋《たいさんとうきん》

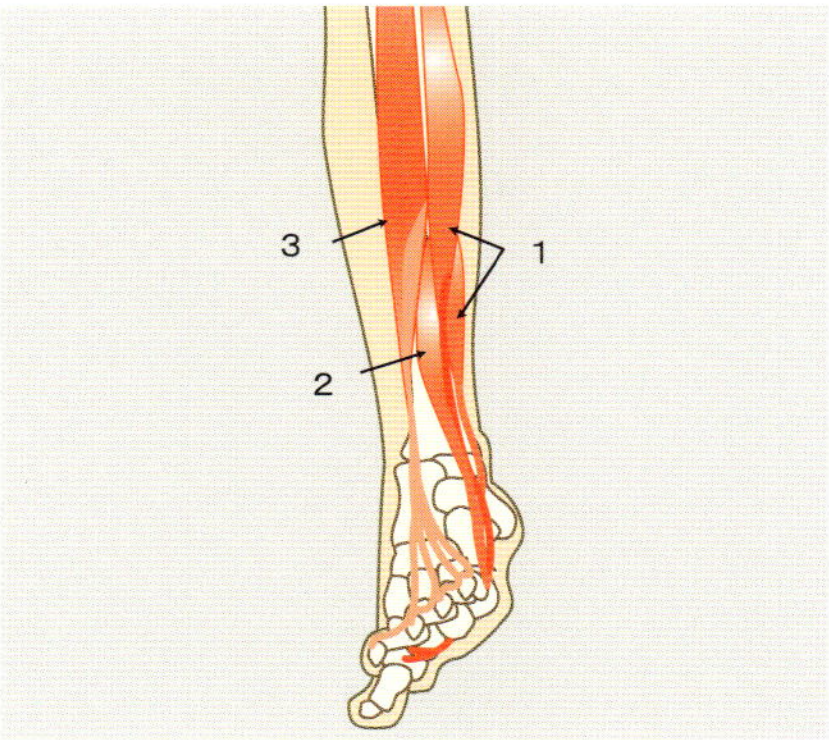

外反

1　長《ちょう》・短《たん》腓《ひ》骨筋《こつきん》
2　第三《だいさん》腓《ひ》骨筋《こつきん》
3　長《ちょう》趾《し》伸筋《しんきん》（外側部）

Reset Conditioning

足首のリセットコンディショニング

足首から足は、接地時の衝撃を直接受けている部分です。ていねいかつ継続的に、リセットに取り組みましょう。

Reset Conditioning

指分け

指が真っすぐになる

改善を**実感**してください

- 足指が真っすぐになる
- 重心をしっかり乗せて立てる
- 蹴りが強くなる

\start/

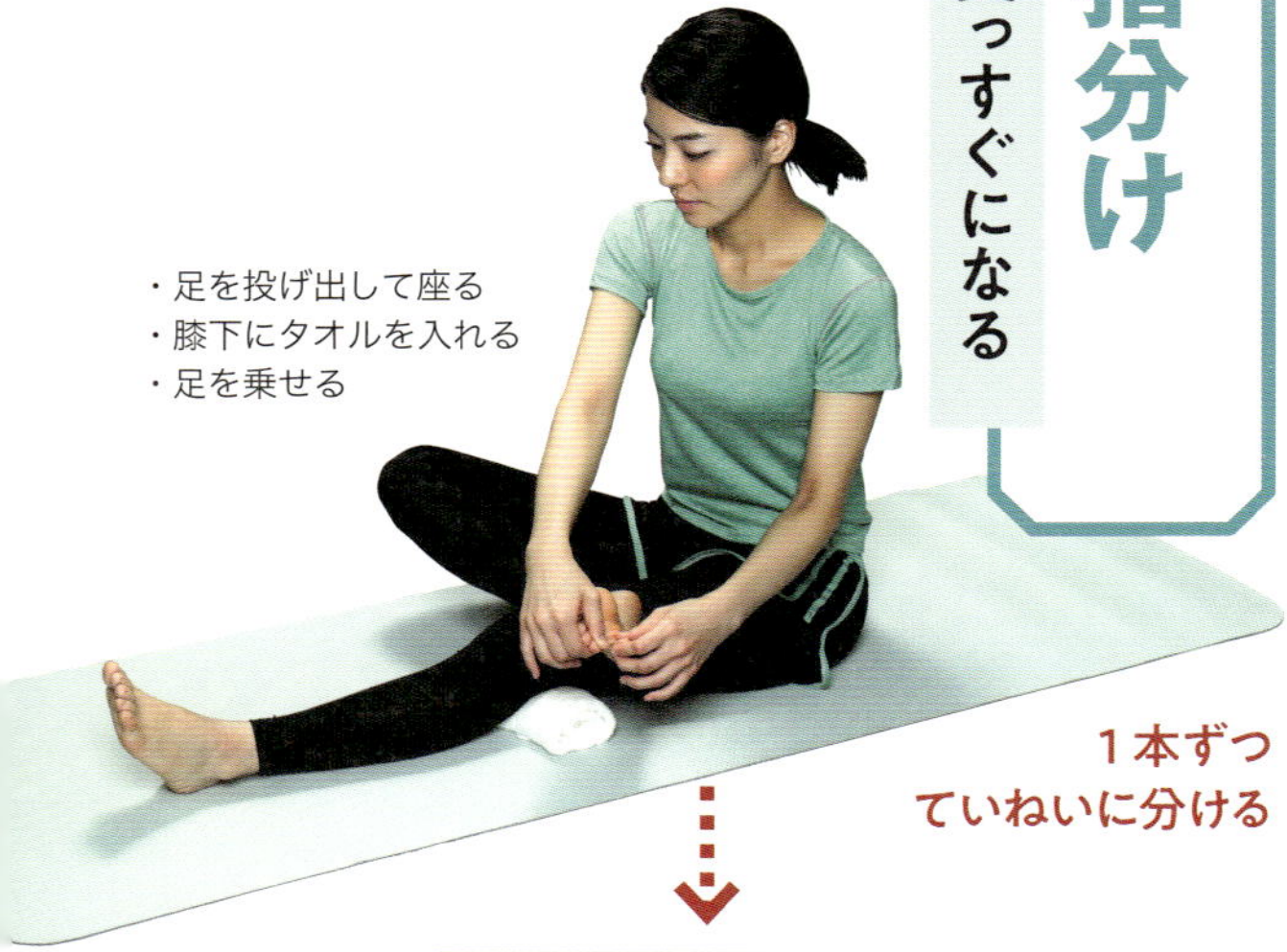

・足を投げ出して座る
・膝下にタオルを入れる
・足を乗せる

1本ずつていねいに分ける

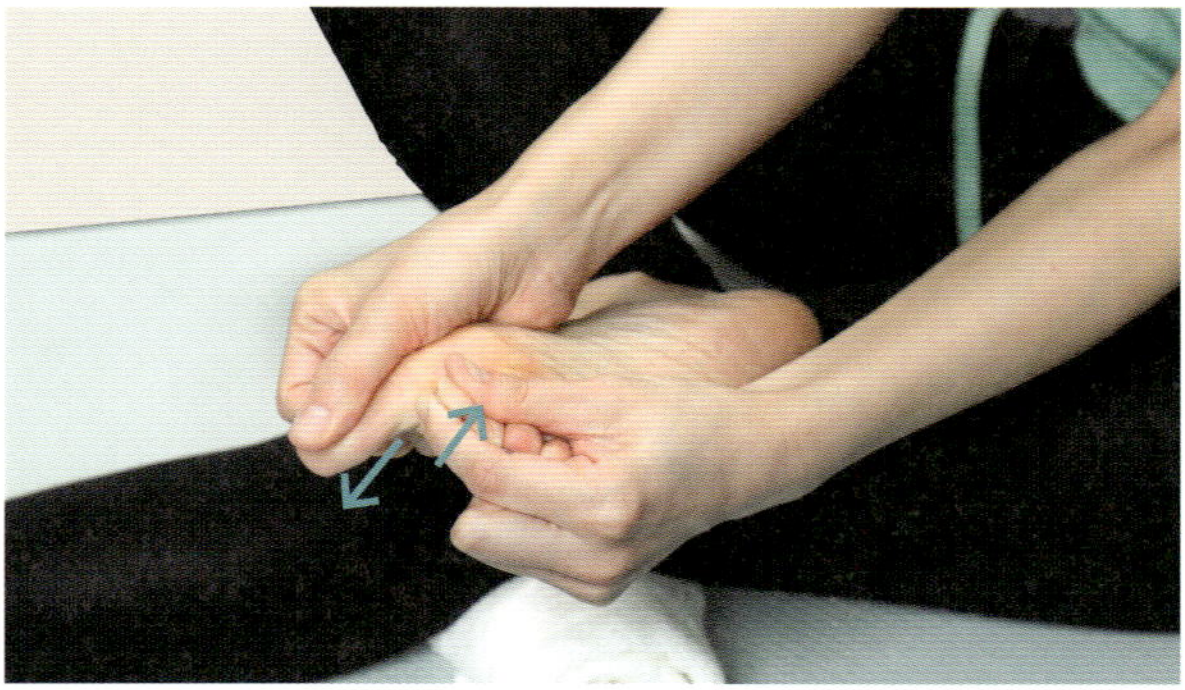

・足指を伸ばすように分ける
・指間をしっかり開く

注意！ 指の間が痛い場合は、中足骨の骨膜まで緊張している。指分けをすると痛みが和らいでくるので、和らぐまで行う。そのままにしておくと、疲労骨折を発症する

Reset Conditioning

リスフラン&ショパール関節

アーチが回復する

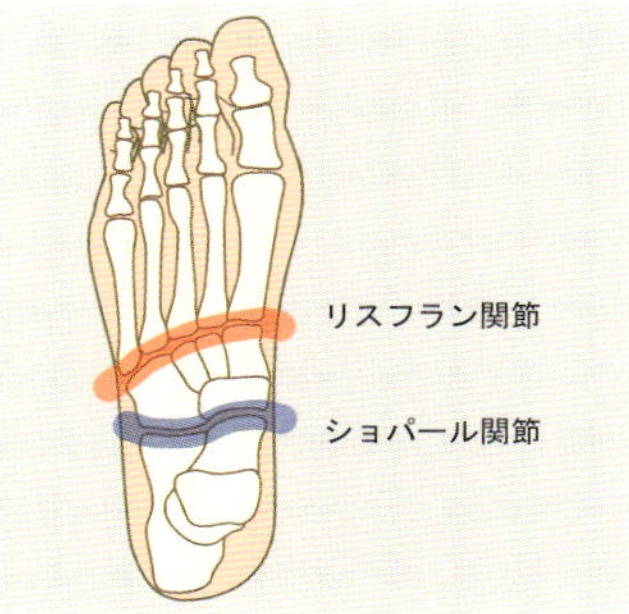

・足を投げ出して座る
・膝下にタオルを入れる
・足を乗せる

start

リスフラン関節
・リスフラン関節を両手で挟むようにし、底屈方向と背屈方向に動かす
※足を捻らない

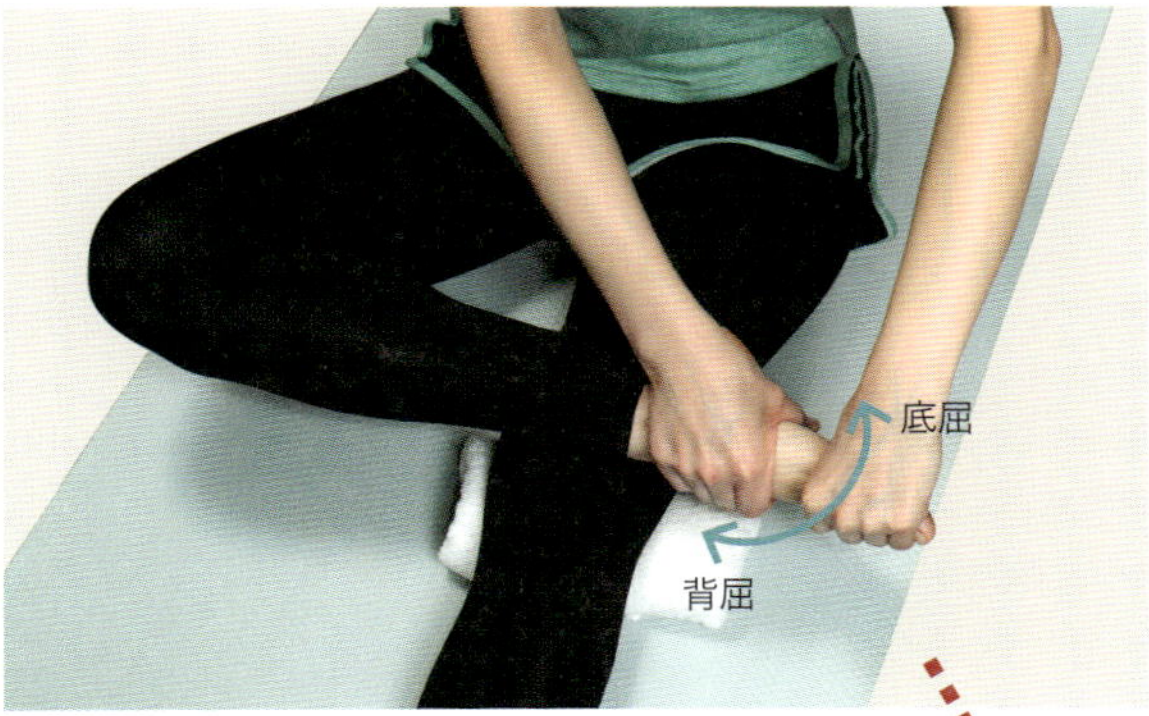

硬くなっている関節を動かす

ショパール関節
・ショパール関節を両手で挟むようにし、底屈方向と背屈方向に動かす
※足首が動かないようにする

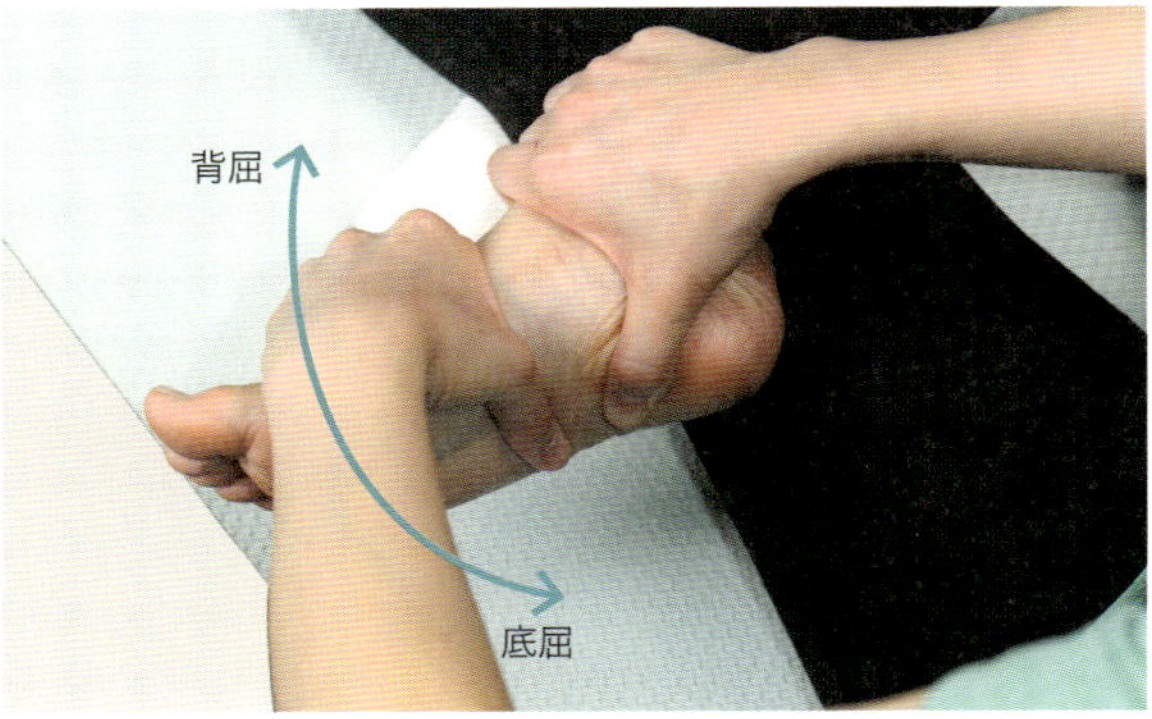

改善を**実感**してください

- 足指が真っすぐになる
- 重心を乗せて立てる
- 足の接地がよくなる
- アーチが回復する

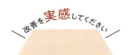

Reset
Conditioning

かかと揺すり&足首回し

アキレス腱とふくらはぎが整う

・足を投げ出して座る
・膝下にタオルを入れる
・足を乗せる

\start/

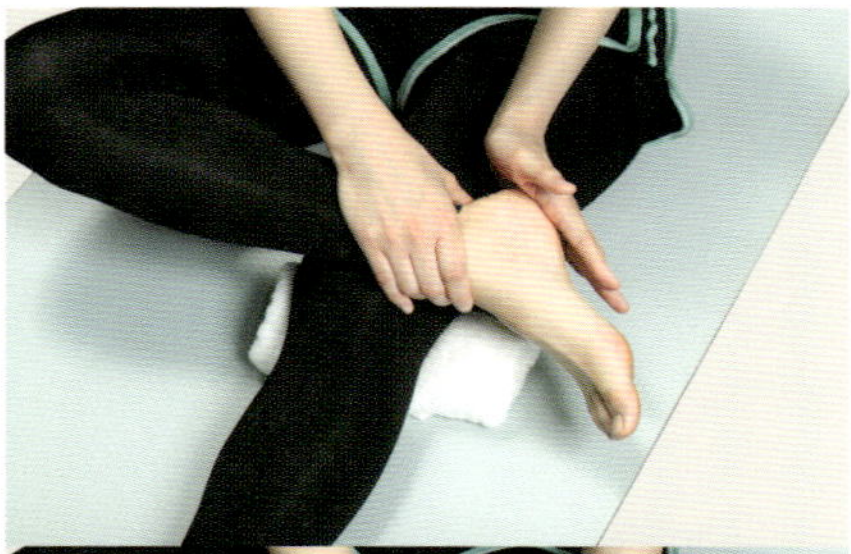

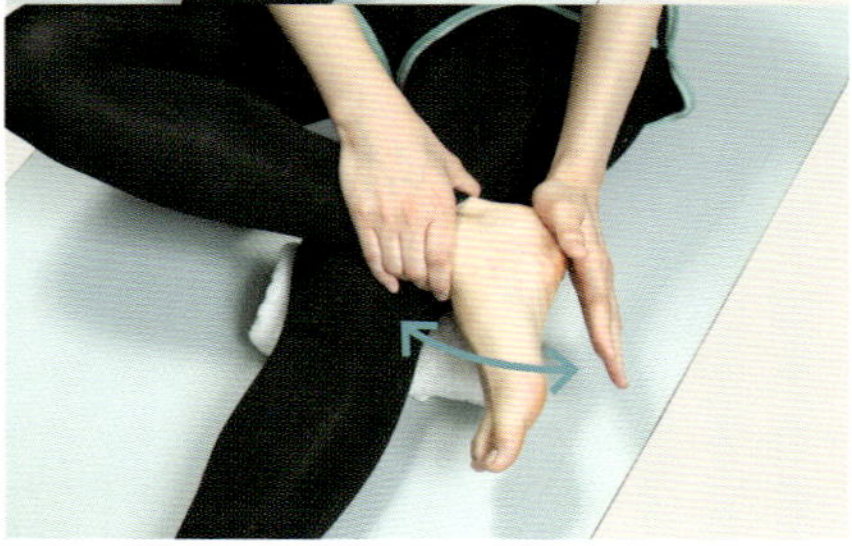

かかと揺すり
・かかとを圧さえ、足首を押すように揺らす
※アキレス腱に違和感がある場合は、かかとを握り、足首を強めに揺らす

脱力した状態で足首がユラユラと動くようにする

足首回し
・足指と手指を組む
・もう一方の手で内踝下（くるぶしの下）を圧さえる
・円を描くように回す

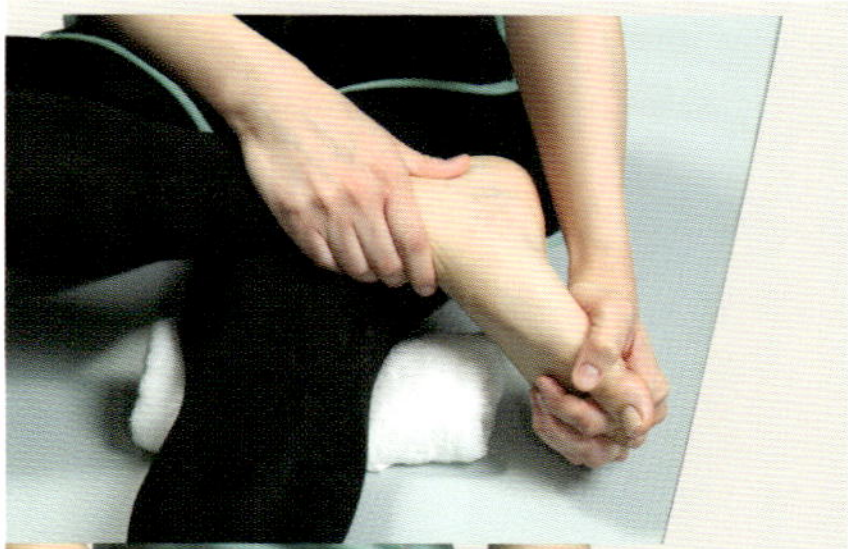

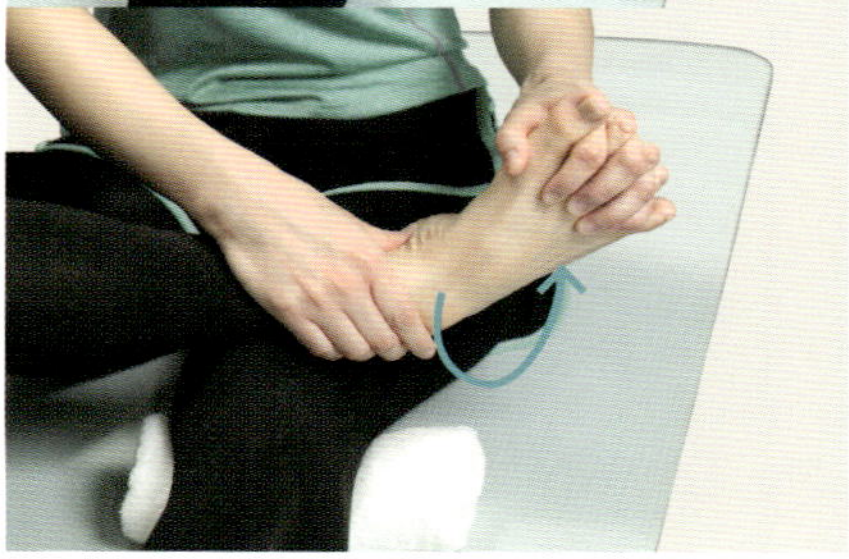

指どうしを深く組み、外回しと内回しを行う

改善を**実感**してください

●足指が真っすぐになる
●重心をしっかり乗せて立てる
●足の接地がよくなる
●ふくらはぎが楽になる

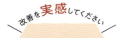

ポールを使った
コンディショニングの勧め

背骨（棘突起）を「ボディコンディショニングポール ハーフ」に乗せ、背骨まわりの筋肉を重力から解放した状態でコンディショニングを行うと、リセットの効果を高めることができます。骨格が整った歪みがない理想の状態をつくるために活用してください。

ボディコンディショニングポール　ハーフ（幅 15 センチ×高さ 7.5 センチ×長さ 49 センチ）
＊2本を縦に並べて使用する

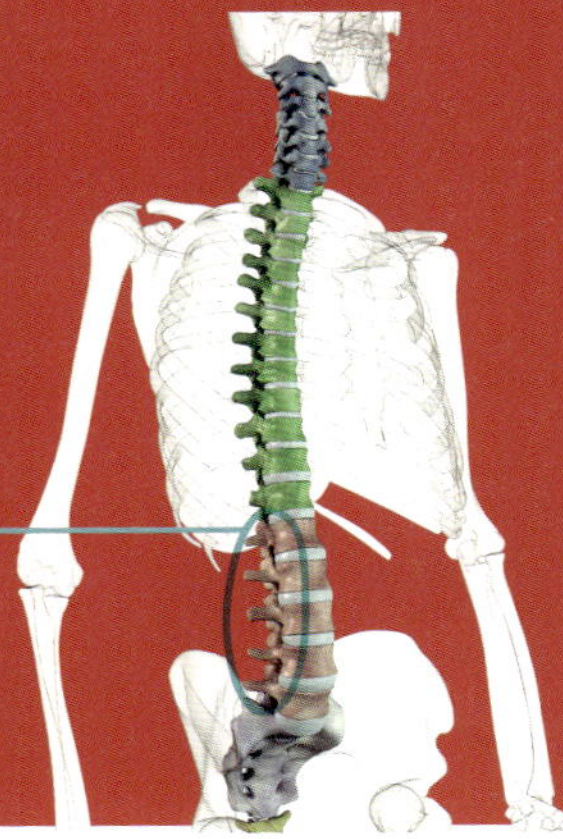

棘《きょく》突《とっ》起《き》
背骨中央のボコボコしている骨。背骨周りで姿勢を支えている大小さまざまな筋肉はこれに付着している

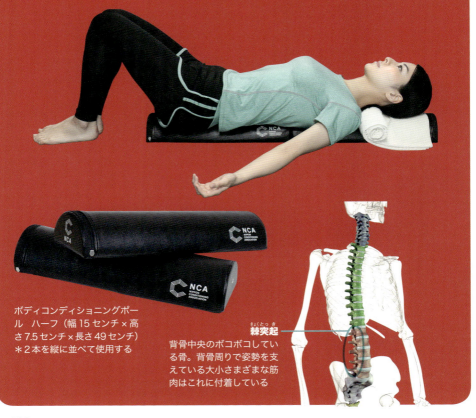

Active Conditioning

足首のアクティブコンディショニング

足と足首はクセが強い関節です。地味な動きのコンディショニングですが、ていねいに行うことにより、足と足首が驚くほど動きやすくなります。

Active Conditioning

サムライシット

足の接地がよくなる

足指を立てて座ることで足裏機能の回復を図るとともに、足の着地がよくなります。指のつけ根が床につき、かかとにおしりが乗ることで負荷がかかります。痛い場合、原因は足底筋膜の緊張です。風呂の中で行うことで、少しずつ回復します。毎日行ってください。

とくにお勧め

- 指が曲がっている
- 指が浮いている
- タコがある
- 足裏に張りがある

start

- 膝とかかとをそろえる
- 指を折り、指のつけ根をつき、かかとにおしりを乗せる

意識ポイント
足指を真っすぐに伸ばす

反応をよくするには、足指を伸ばすために、先に指分けを行う

- かかとを中心に、体重を左右に移す
※中心軸を意識する

意識ポイント
中心軸を意識

KEY

足の指を床に全部つけたままにする

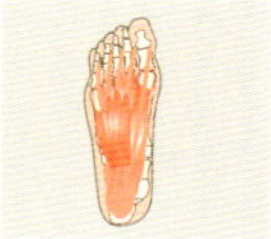

足指の筋肉

改善を実感してください

●足裏の接地がよくなる

注意！

足指や足裏が痛い場合は、入浴中に行う

Active Conditioning

トーアップ

足の接地がよくなる

すね側の筋肉を使い、つま先を上げます。ふくらはぎを酷使するランナーは、すね側の筋肉が弱いと、すねが痛くなるシンスプリントになります。つま先が真っすぐ上がらないと、接地が乱れます。つま先が真っすぐに上がるように、ていねいに行いましょう。

とくにお勧め

- 足指が曲がっている
- 足指が浮いている
- 接地が不安定

改善を実感してください

- **膝が真っすぐに出る**
- **つま先が上がりやすくなる**
- **地面を蹴りやすくなる**

start

- 片膝を立てる
- 腰骨、膝中央、つま先を一直線にする
- 手を足首のくぼみにあてる

- つま先を真っすぐに上げる

KEY

指も全部上がるようにする。上がらない場合は、手でサポートする

※つま先が上がったときに膝が内側に入る場合は、膝に手を添え、内側に入らないようにサポートする

意識ポイント

すねの筋肉

反応をよくするには、足首からすねにかけてさする

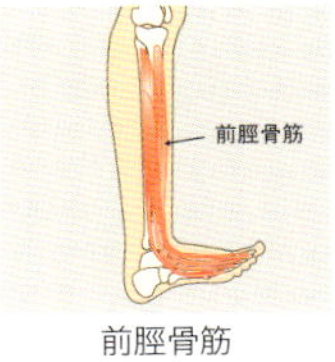

前脛骨筋

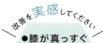

Active
Conditioning

足裏パワーポジション

地面をちゃんと蹴ることができる

指のつけ根を足裏パワーポジションと呼びます。母指球で蹴るという考え方がありますが、母指球を意識的に使おうとすると、足がねじれたり、外反母趾になったりします。足裏パワーポジションで地面をしっかり蹴ることができると、スピードが出て、ストライドも伸びます。

とくにお勧め

- 指が曲がっている
- アーチが落ちている
- 接地が悪い

改善を実感してください

- ●地面をしっかり蹴ることができる
- ●足首が安定する

start

- 椅子に真っすぐに座る
- 腰骨の正面に膝の真ん中が、その延長につま先がくるようにする

KEY

骨盤をきちんと立てる

- 指のつけ根に乗る
- 足の甲を立てる
- 膝が真っすぐに出るようにする

意識ポイント

指を真っすぐにする。力を入れない

反応をよくするには、指分けをしっかり行う

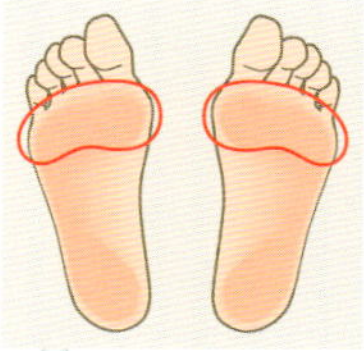

足裏パワーポジション

Active Conditioning

膝つきランジ

足首と膝が連動する

足首と膝の動きの連動をトレーニングします。足裏パワーポジションで床を押し、膝を前方に出すような動きをつくります。上体は、真ん中軸を意識します。真っすぐに上へ伸びている状態を保つことで、軸づくりのトレーニングにもなります。足首と膝の連動は、地面を蹴った際に上体に力を伝える重要なもの。地味なトレーニングですが、コツコツと続けてください。

とくにお勧め

- つま先が外を向く
- 膝を曲げると膝下が内側に流れる

改善を実感してください

●膝とつま先が同じ方向を向く

start

- 片膝をつく
- 前足も後ろ足も、「腰骨→膝→つま先」が正面から見て一直線上にくるようにする
- 上体を真っすぐに立てる

意識ポイント

指を真っすぐにする。力を入れない

KEY 膝とつま先が一直線上にくるようにする

- 前足の足裏パワーポジションで床を押す
- 膝を前方に出す
- 上体を真ん中に残したままにする

Conditioning

4 肩と首のコンディショニング

走っていると肩が上がったり、首の後ろが疲れたり、肩甲骨の間が張ったりするのは、肩と首の位置が悪いためです。走る動きに対し、腕振りがブレーキになっている人を多く見かけます。腕振りは、肩、肩甲骨、首、背骨上部の連動が悪いためです。首と肩が理想的な状態にあれば、走りは快適になります。

こんな人にお勧め！

モニタリング結果が──

B-1 脚を開いて立つ
▼④腕が身体の前にくる
▼⑤腕と身体の間に隙間がある
▼⑥手の甲が前を向く
▼⑦肩が上がる

C-2 長座でバンザイをする
▼⑫腕が上がらない

ランニング時や日常生活で──

- **o** 腕振りがうまくいかない
- **p** 肩が疲れる
- **q** 肩甲骨の間が張る
- **r** レース終盤にもがけない

▼

肩ブラ（P096）
前屈肩ブラ（P098）

コンディショニングのターゲット

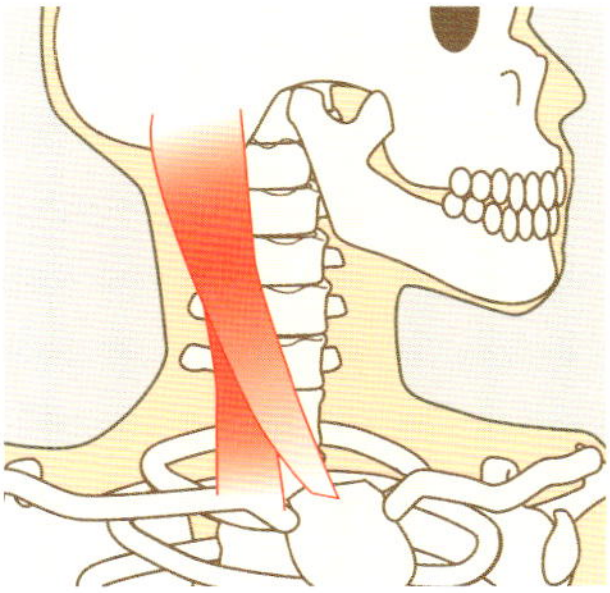

胸鎖乳突筋

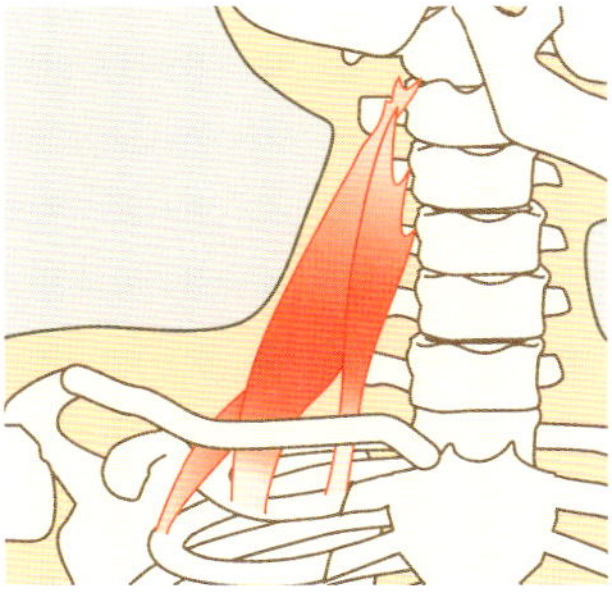

斜角筋

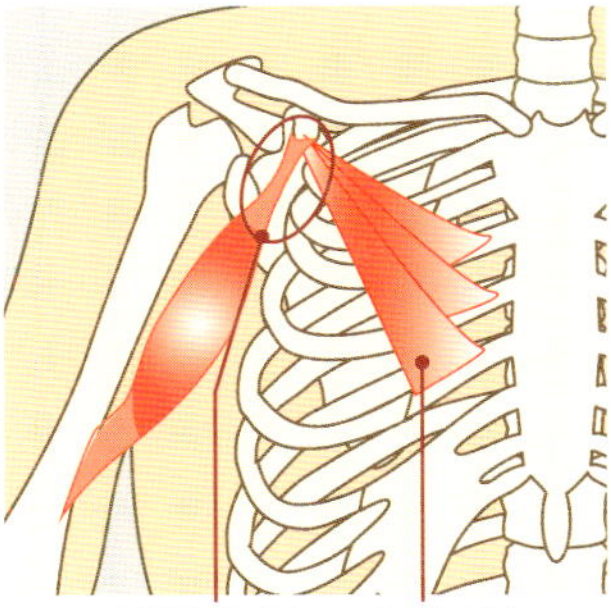

烏口突起　小胸筋

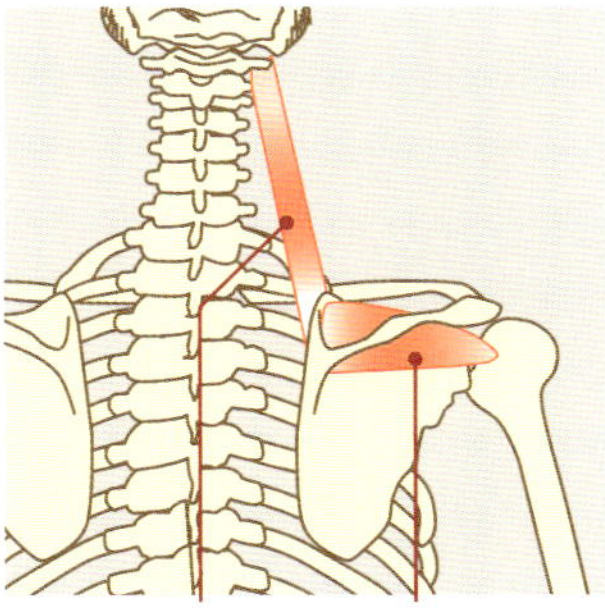

肩甲挙筋・棘上筋

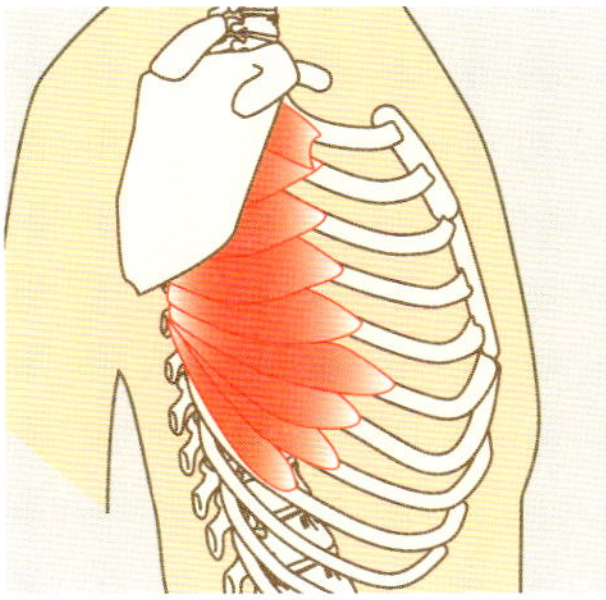

前鋸筋

モニタリング結果が──

C-2

長座でバンザイをする

▼

⑬頭が前に出る

ランニング時や日常生活で──

S

首が疲れる

▼

頸椎Yes・No（P099）

Reset Conditioning

肩と首のリセットコンディショニング

腕振りで力んでしまう人やデスクワークの時間が長い人は、首と肩が慢性的に張った状態になっていることが多いと思います。肩のリセットは、肩ではなく手や肘を動かす意識をもちます。肩には動きを伝えればいいのです。

Reset Conditioning

肩ブラ

肩が楽になる

\start/

・楽な状態で立つ
・肩に反対の手を乗せる

改善を**実感**してください

- 肩が楽になる
- 可動域が広がる
- 肩と肩甲骨まわりのハリがなくなる

脱力し、手先と肘を動かす

・肩と腕の力を抜き、腕を前後に振る
・肘をくるくる回すように揺らす

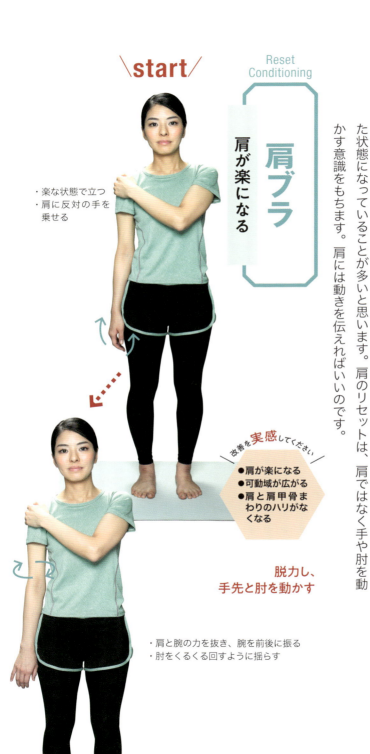

モニタリング別 肩ブラ コンディショニング

④ 腕が身体の前にくる

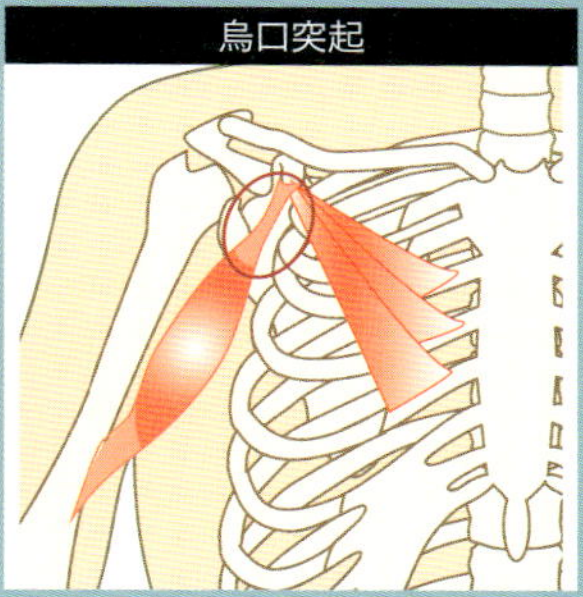

⑤ 腕と胴体の間に隙間がある

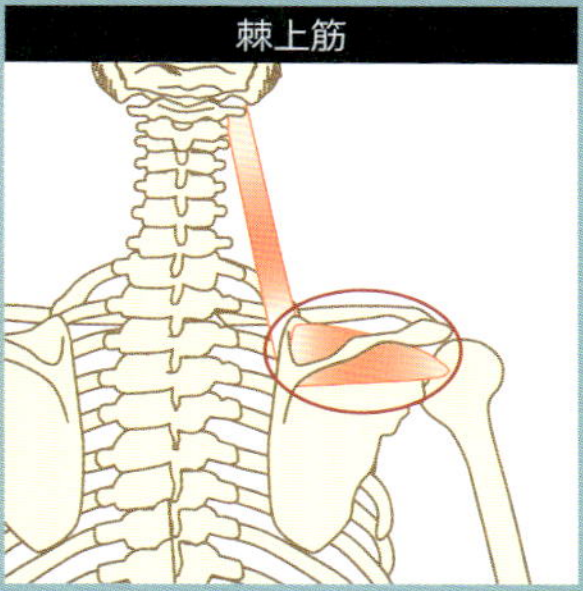

⑥ 手の甲が前を向く

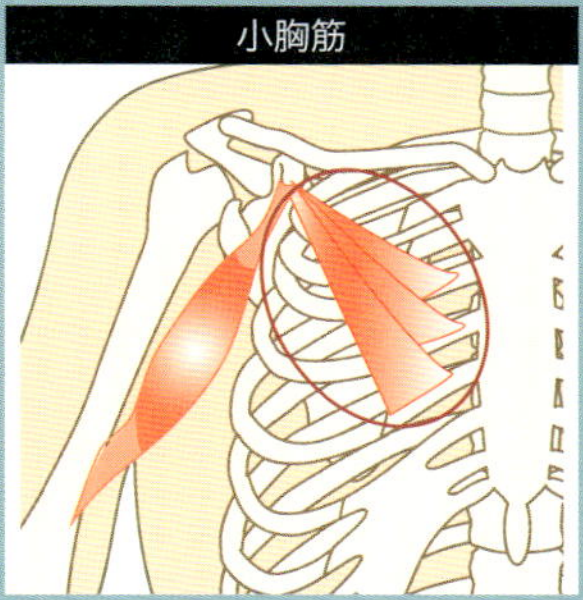

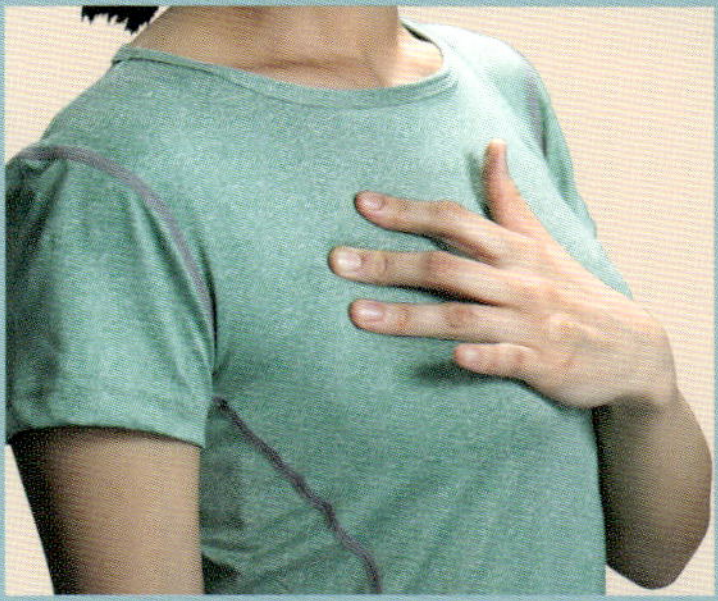

⑦ 肩が上がる

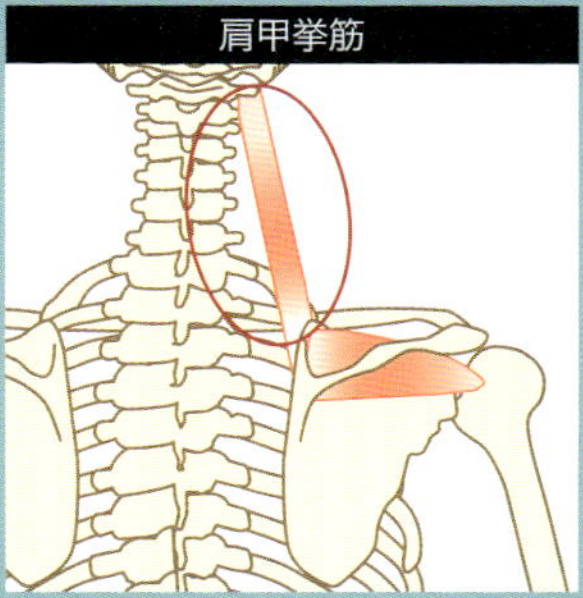

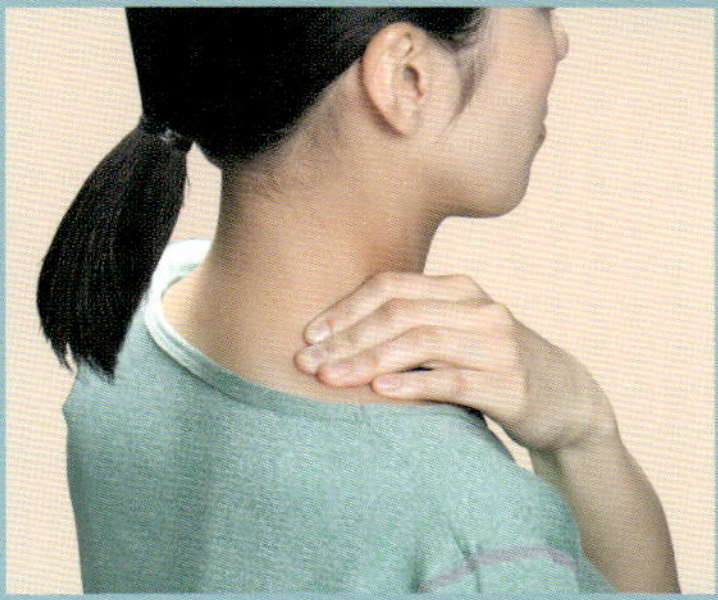

モニタリング結果ごとに対象となる場所を圧さえて肩ブラを行うと効果を高められます

Reset
Conditioning

前屈肩ブラ

肩甲骨の動きがよくなる

\start/

・楽な状態で立つ
・上体を前に倒す
・首と腕をだらりと下げる

圧さえて動かす

・前鋸筋を圧さえ、腕をゆらゆら揺らす

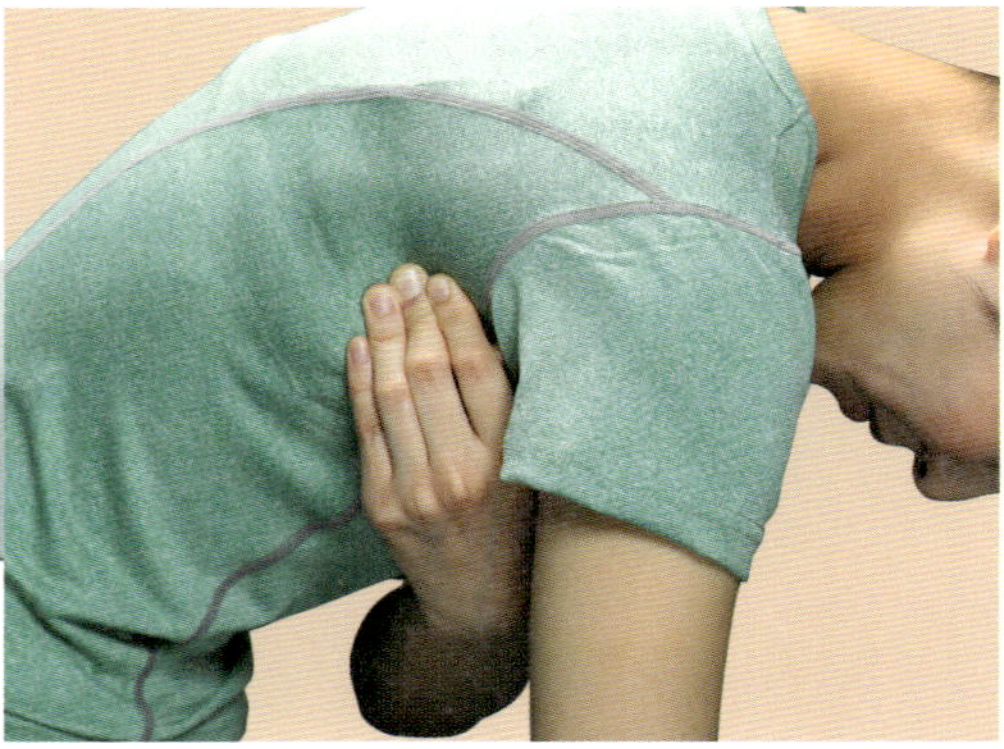

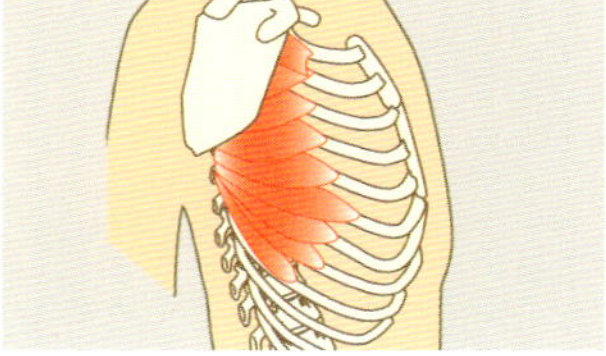

前鋸筋

改善を**実感**してください

- 肩甲骨の間が楽になる
- 腕の動きがよくなる

Reset
Conditioning

頸椎Yes・No《イエスノー》

頭が正しい位置に戻る

start

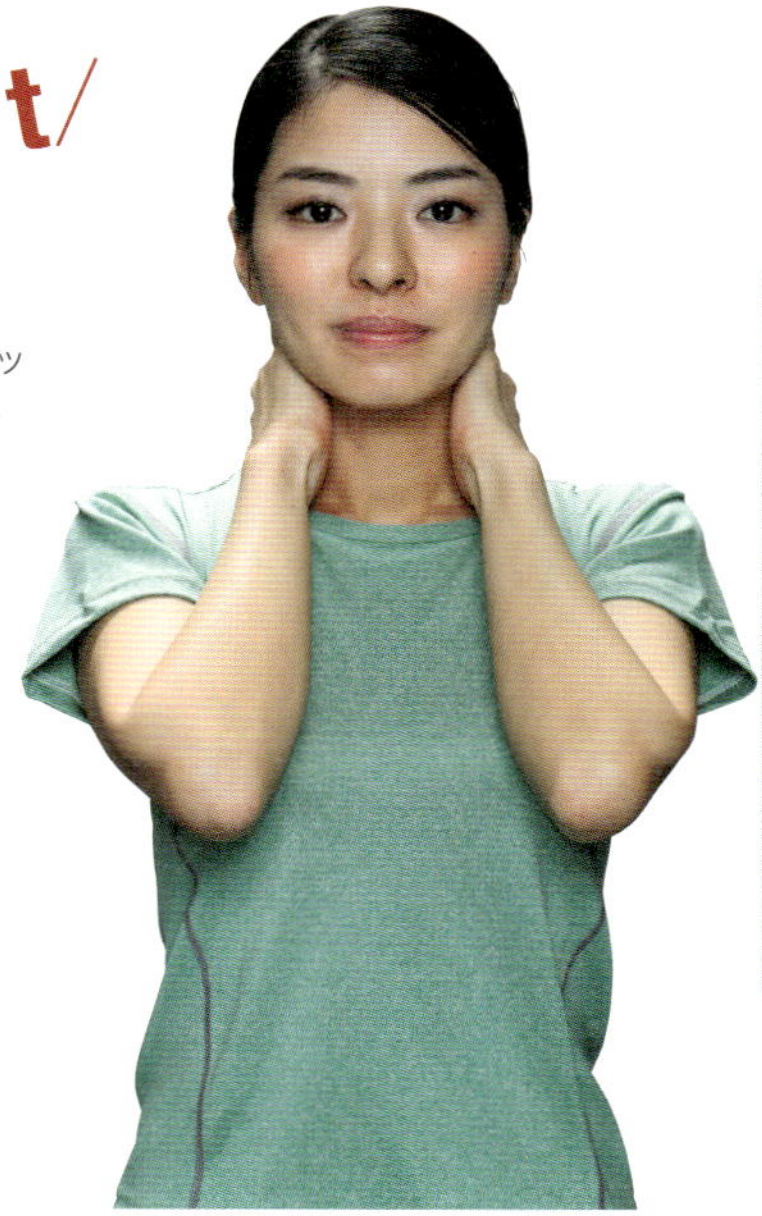

・首を両手で包む
・指を頸椎の棘突起（ポコッと出ている場所）にあてる

圧さえると気持ちいい場所を探す

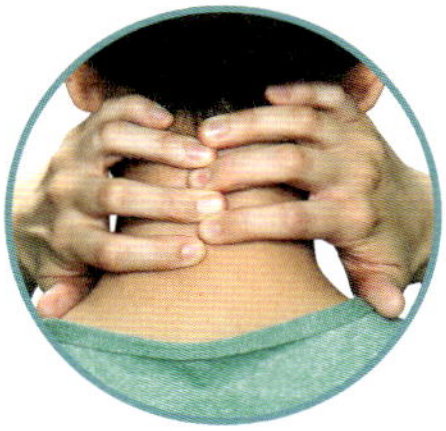

頸椎の棘突起にあてる

No
頭を左右に小さく振る

Yes
頭で小さくうなずく

改善を**実感**してください

- 首がスムーズに動く
- 首のハリがなくなる

圧さえて動かす

Reset
Conditioning

胸鎖乳突筋&斜角筋のリセット

首が楽になる

start

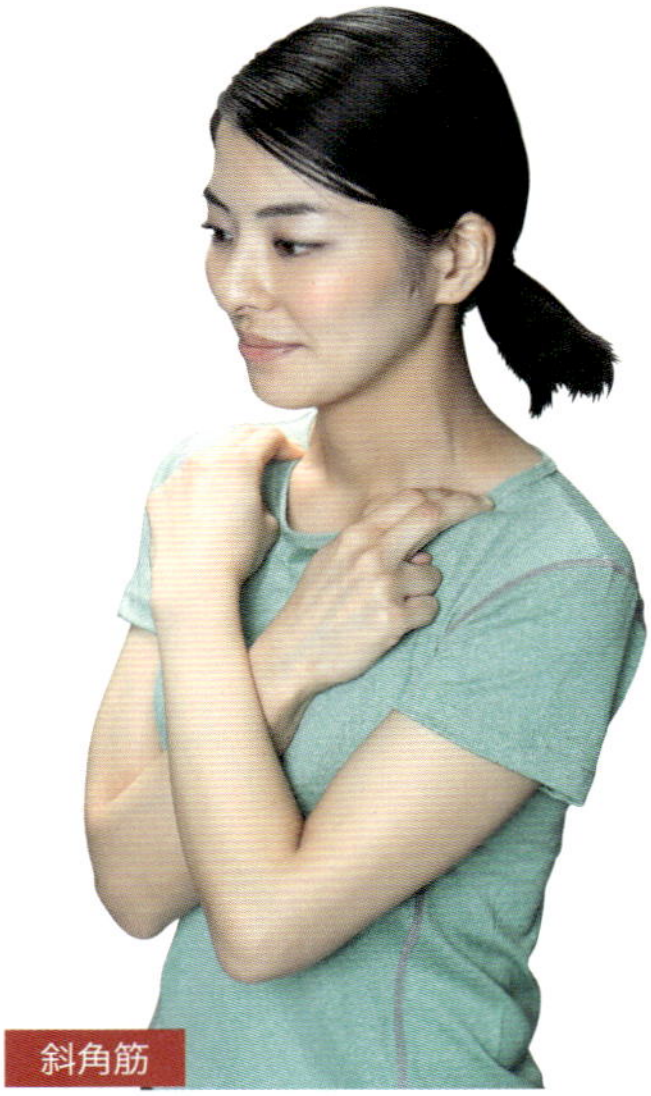

斜角筋

胸鎖乳突筋

・首の横の硬い筋肉を圧さえる
・筋肉全体を指の腹で圧すようにする

圧さえて動かす

改善を実感してください

- 首がスムーズに動く
- 首のハリがなくなる

・指を鎖骨の上のくぼみに入れると斜角筋を圧さえられる

・頭を横に倒す

成長期について

筋肉づくりの前提となる姿勢をまず整える

選手の一生を考えたとき、ジュニアでは身体づくりに重点を置いてほしいと考えます。基礎となるのは、姿勢です。姿勢づくりこそ、基礎練習といえるものなのです。なぜなら、姿勢がしっかりすれば、コアが整うことになり、そして、コアが整えば、同じ動作を繰り返しても負担は最小限に抑えられます。スキル練習のような繰り返しが必要な練習を課す前提となるのです。

姿勢づくりには、その前段階である幼児期からの姿勢が重要ですが、その点については、家庭での責任と考えてほしいと思います。

姿勢づくりの要点は、日常的には以下の３つで十分です。

1. 背すじを伸ばして座る
2. 脚を閉じて座る
3. 膝をきちんと伸ばして立つ

その上で、コアを整え、軸をつくるためのアクティブコンディショニングに取り組んでいただければと思います。

また、ジュニア期の骨端症（成長痛）は、筋肉の使いすぎによるものです。痛い関節をさすり、リセットコンディショニングを行うことで、練習を再開できるでしょう。

Active Conditioning

肩と首のアクティブコンディショニング

肩は筋肉依存型の関節です。しかし腕を前方で使うことにかたよるため、歪みやすくなっています。ランニング時には推進力を生み出す重要な場所を再教育しましょう。

Active Conditioning

エルボーアダクション

肩のアンバランスを整える

肩の動き全体を整えるコンディショニングです。腕は身体の前での内回しや肘を横に張って使うことが多いため、肩が歪んでしまうのです。それと反対の動きを行うことで、肩関節の位置を整えられます。肩はクセが強い場所なので、正しいフォームで行うことが重要です。

とくにお勧め

- 肩に歪みがある
- 肩が張る
- 腕振りがスムーズではない

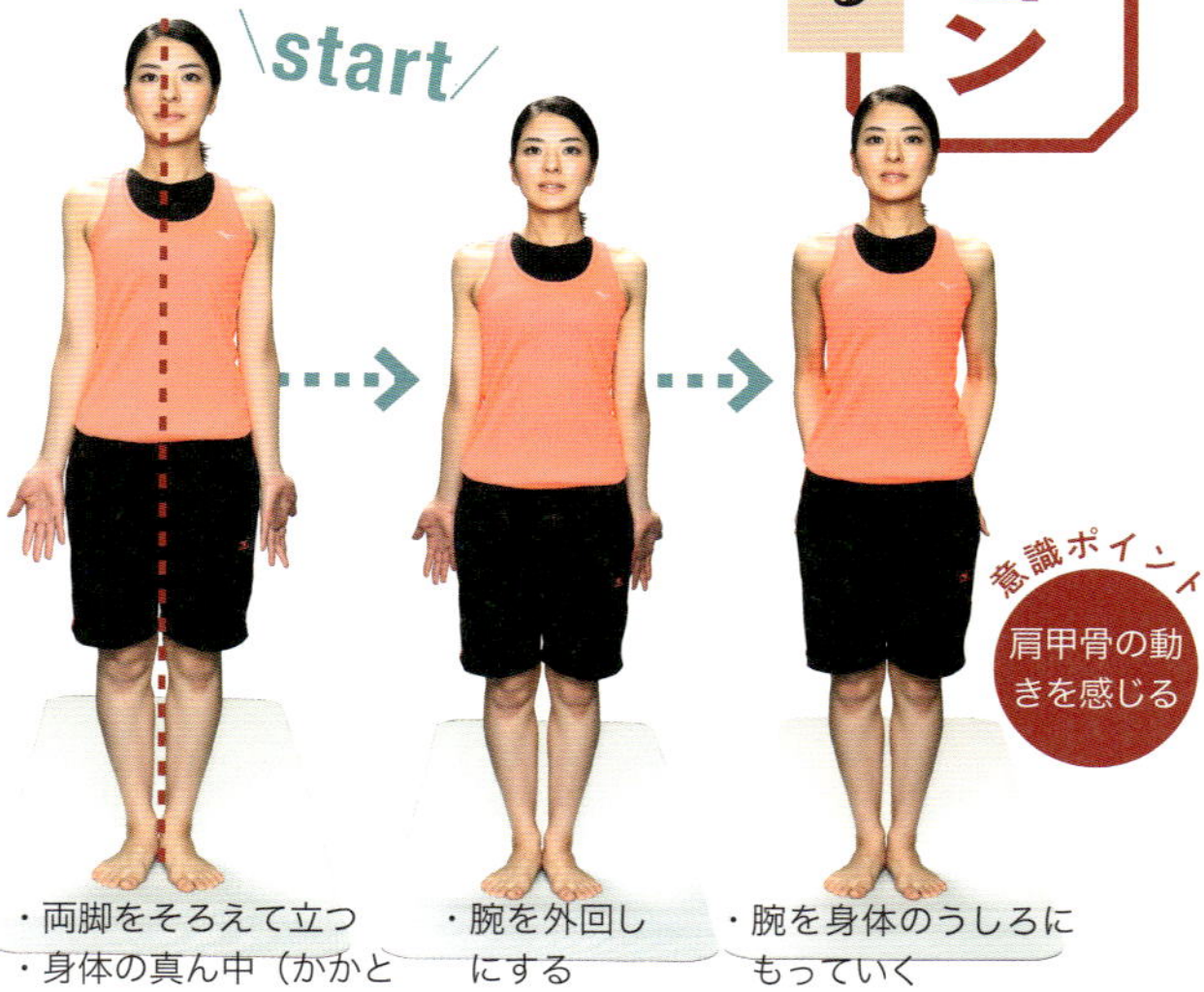

- 両脚をそろえて立つ
- 身体の真ん中（かかとの真ん中→恥骨中央→おへそ→胸骨→鼻すじ）を意識する

- 腕を外回しにする

- 腕を身体のうしろにもっていく
- 肘を少し曲げ、手をおしりの横に添える

意識ポイント
肩甲骨の動きを感じる

- 息を吐きながら、肘を少し内側へ入れる
- 肩甲骨の間を狭めるように意識する

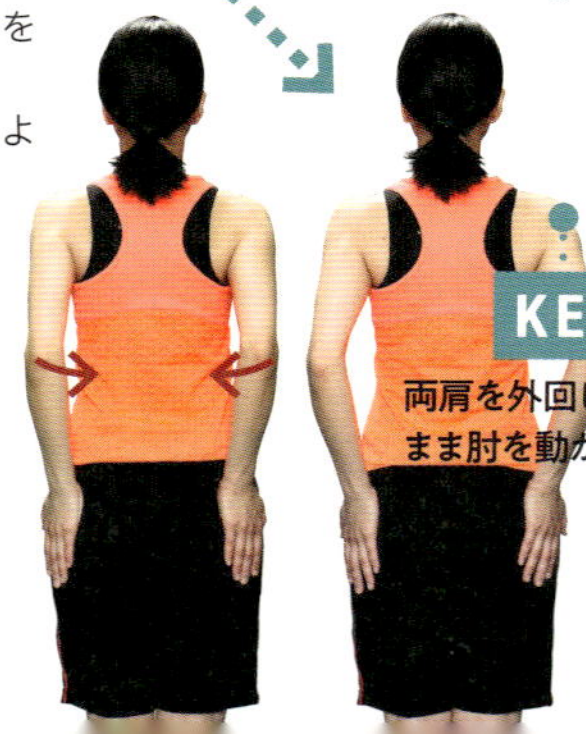

KEY
両肩を外回しにしたまま肘を動かす

改善を実感してください

- 肩が下がる
- 腕が身体の横にくる
- 腕が振りやすくなる

※うまくいかない場合は、P103 ～ 106のコンディショニングを試す

Active Conditioning

ショルダーエクステンション

腕をうしろに動かす

腕が前に出ている人のための、肩の伸展のコンディショニングです。伸展は腕を前からうしろに動かす動きですが、肩甲骨を下げる動きも伴います。肘が曲がってる人がいますが、肘をきちんと伸ばして行うように意識しましょう。腕が振りやすくなります。

とくにお勧め

・腕が前にある
・肘曲がりがある
・肩が上がっている

改善を実感してください

- 腕が身体の横にくる
- 肩が下がる
- うしろに振りやすくなる

意識ポイント

肩を下げるように行う

反応をよくするには、腕のうしろをさする

start

・脚をそろえて立つ
・腕を身体につける
・肘に逆の手の甲をあてる
・手のひらを前に向ける

KEY

肘下だけでなく、腕全体を動かす

・息を吐きながら、手の甲を肘でうしろに押す
・肘を伸ばすように行う

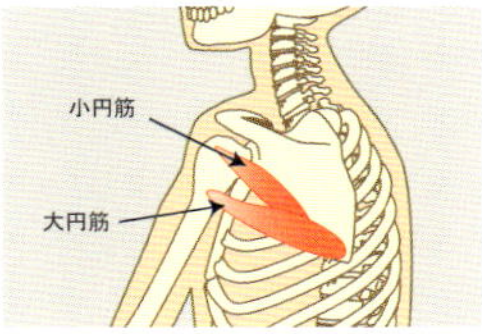

肩伸展筋群

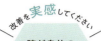

Active Conditioning

ショルダーアダクション

腕を身体につける

腕と身体に隙間がある人のための、腕を身体に近づける、内転のコンディショニングです。腕が身体から離れていると、腕振りの際に肘が外に流れて、効率が悪い腕振りになります。腕を身体に近づけると、肩の内転に伴う肩甲骨の動きもよくなります。

とくにお勧め

・腕が身体から離れている

意識ポイント

脇を閉じるように

反応をよくするには、腕から脇にかけてさする

start

・肩を外回しにする
・手のひらを上に向け、肘を曲げる

脇を閉じるように行う

KEY

・息を吐きながら、脇を閉じるようにして肘を身体につける

改善を実感してください

- ●腕が身体にピタッとつく
- ●肩の可動域が広がる
- ●腕を振りやすくなる

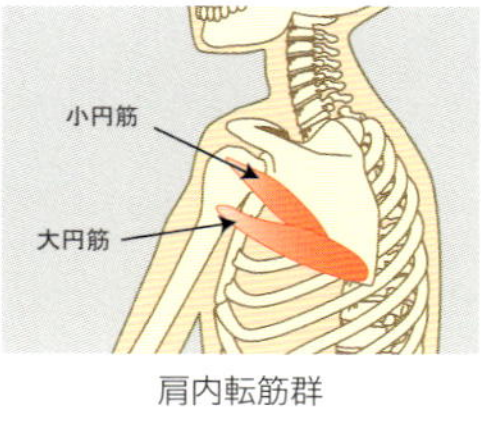

肩内転筋群

Active Conditioning

ショルダーエクスターナルローテーション

肩を外回しにする

肩が内回しになっている人のための外回しにする肩外旋のコンディショニングです。腕は内回しになりやすい場所で、そうなると肩甲骨が離れてしまいます。レースの終盤に、腕が振れなくなったり背中が張ったりします。肩を外回しにする補強を練習に取り入れたいものです。

とくにお勧め

- 肩が内回しになっている
- 肩甲骨の間が張る

改善を実感してください

- **腕が外回しになる**
- **肩肩の可動域が広がる**
- **腕が振りやすくなる**

意識ポイント

肩甲骨を寄せるように

反応をよくするには、脇から肩甲骨にかけてさする

start

- 脚をそろえて立つ
- 腕を身体につける
- 手のひらを上にして、肘を曲げる

KEY

肘を身体につけたままにする

- 息を吐きながら、肩を外回しにする

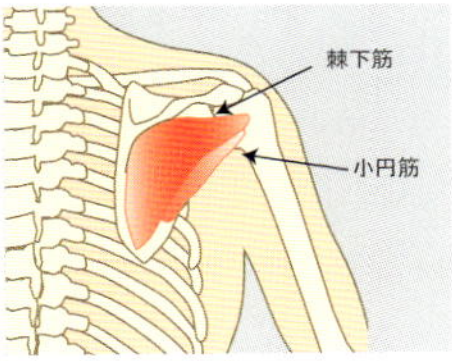

肩外旋筋群

Active Conditioning

ショルダーブレイドダウン

肩甲骨を下げる

肩が上がる人の多くは、腕が身体から離れていることが多いようです。肩を下げる（肩甲骨を下制する）コンディショニングは、腕を身体にピタッとつけるように行うことが大切です。肩が下がるだけでなく、首も楽になるコンディショニングです。

とくにお勧め

・肩が上がっている
・肩こりがある
・首こりがある

意識ポイント

肩甲骨を下げるように

反応をよくするには、脇から肩甲骨にかけてさする

・脚をそろえて立つ
・腕を外回しにし、身体につける

KEY 腕を身体にピタッとつけたままにする

・息を吐きながら、肩を下げる
・視線を上に向ける

改善を実感してください

- 肩が下がる
- 肩肩の可動域が広がる
- 腕を振りやすくなる

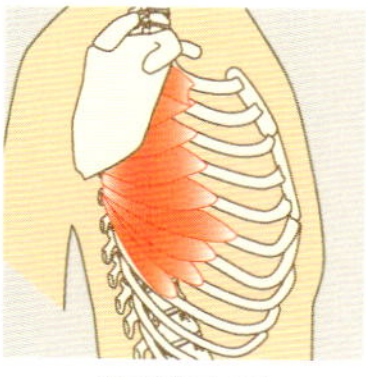

前鋸筋上部

Active Conditioning

ショルダーアダクション&ブレイドダウン

肘を伸ばして肩を内転させる

手首、肘、肩関節の連動を促します。ランニングのフォームは肘を常に曲げているので、肘のまわりが緊張し、その結果、推進力がなくなってしまうことがあります。肘を伸ばしたまま、腕を身体につけるこのコンディショニングに、やりづらくてもコツコツ取り組むことをお勧めします。

とくにお勧め

- 腕振りが気になる
- 肘のまわりに力みがある

改善を実感してください

- 肩が下がる
- 肩の可動域が広がる
- 腕を振りやすくなる

意識ポイント

脇をしっかり閉じる

反応をよくするには、脇から肩甲骨にかけてさする

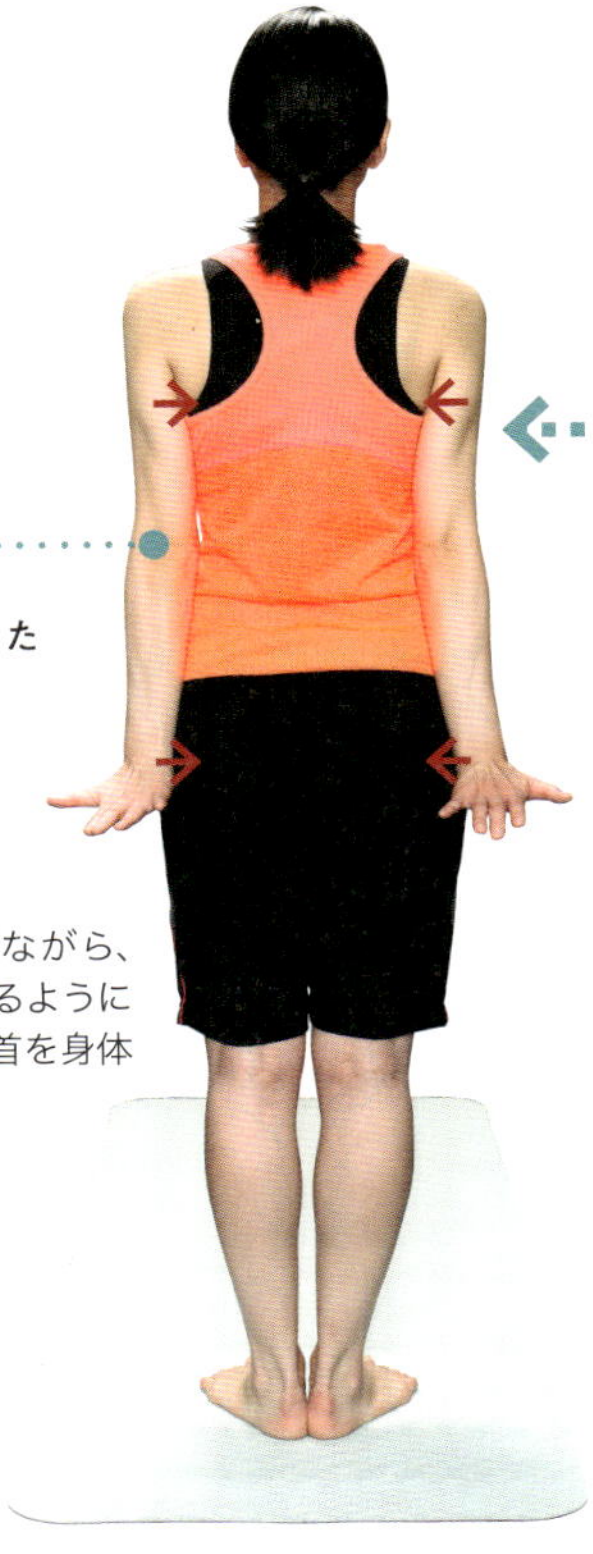

KEY

肘を伸ばしたままにする

- 息を吐きながら、脇を閉じるようにして、手首を身体につける

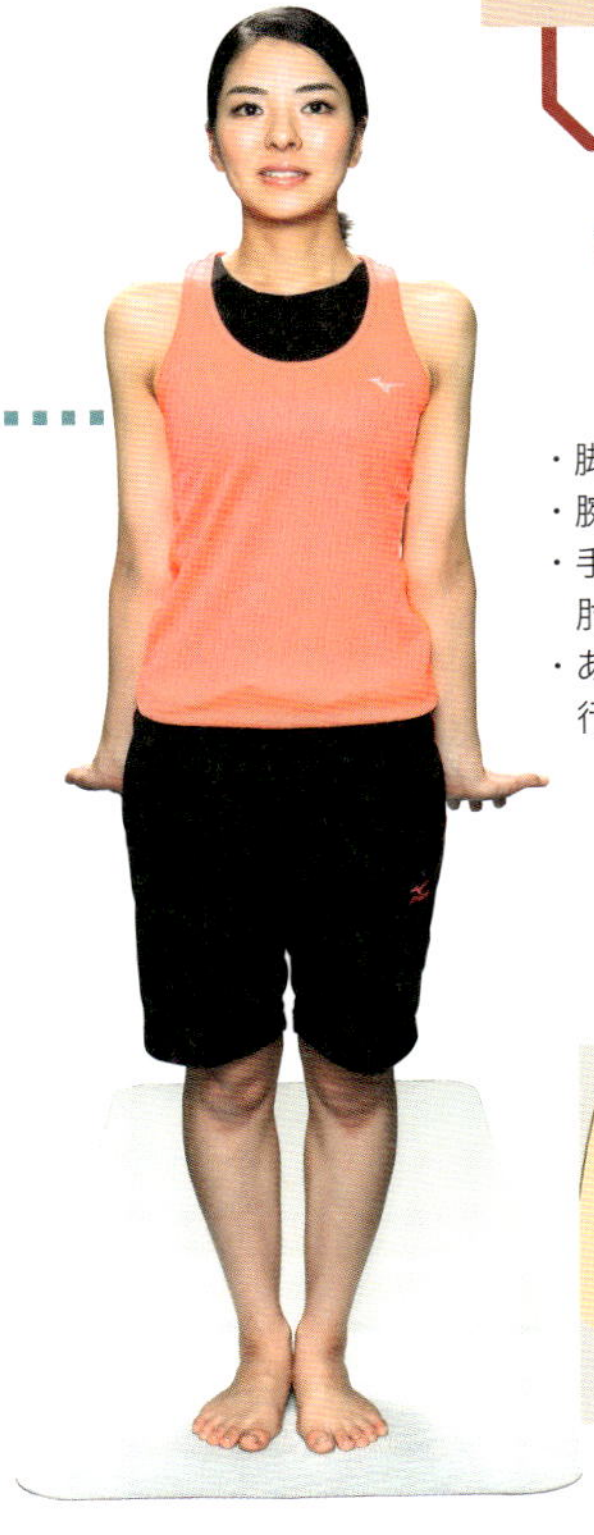

start

- 脚をそろえて立つ
- 腕を外回しにする
- 手首を甲側に折り、肘を伸ばす
- あごを少し上げて行う

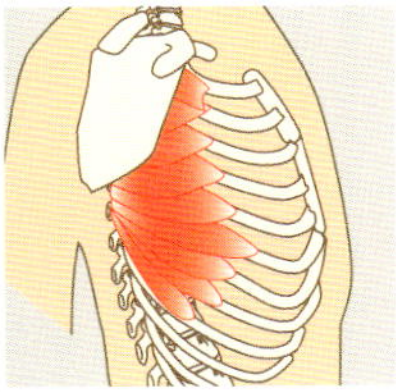

前鋸筋上部

Active Conditioning

ショルダーアダクション&ブレイドダウン（うつ伏せ）

肘を伸ばし、肩を内転させる

手首、肘、肩関節の連動を行うコンディショニングです。寝て行うことで、強度が増します。また、うつ伏せで行うことで、腹圧を上げた状態をキープでき、頭の位置が前にある場合の改善も同時にできます。

とくにお勧め

- 腕振りが気になる
- 肘のまわりに力みがある

改善を実感してください

- 肩が下がる
- 肩の可動域が広がる
- 頭の位置が戻る

start

- おへその下にタオルを入れ、うつ伏せになる
- 腕を外回しにする
- 手を背屈し、肘を伸ばす

- 息を吐きながら、脇を閉じるようにして、腕を上げる

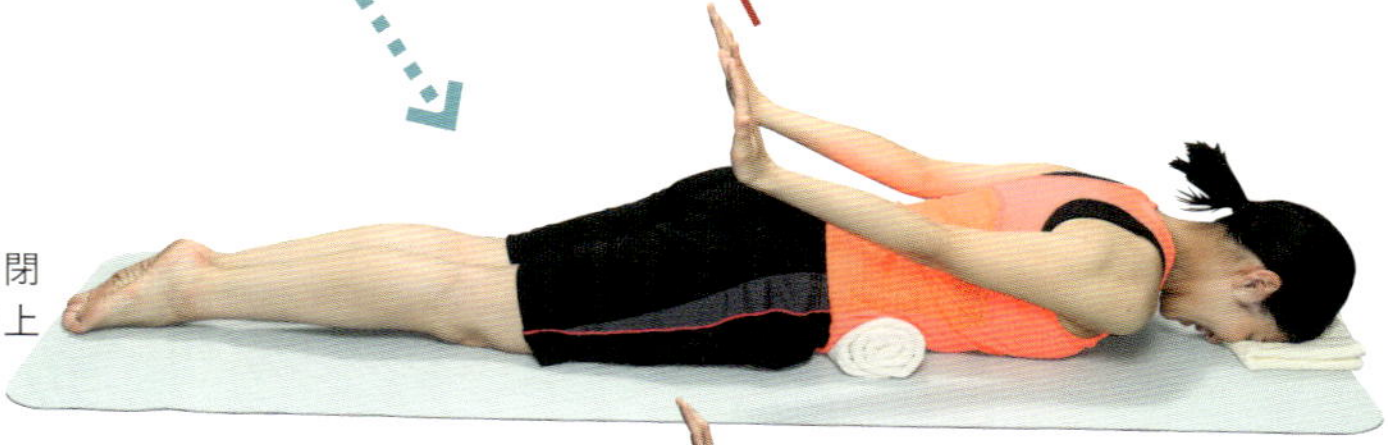

※頭が前に出ている状態の人は、顔を上げる。あごをタオルに乗せ、指先を上げる

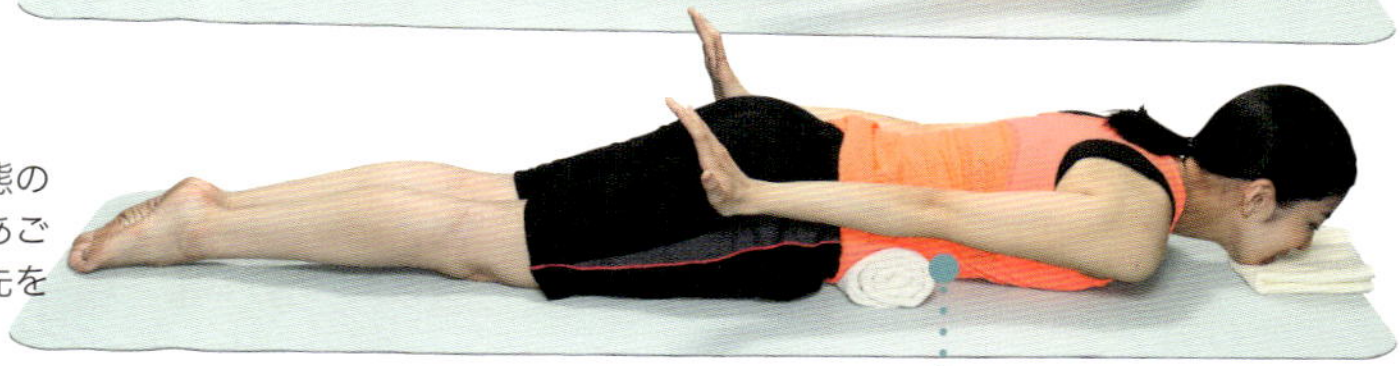

KEY

肘を伸ばしたまま、手と手の感覚が広がらないよう気をつける

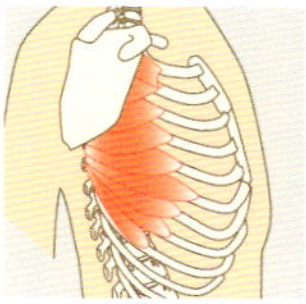

前鋸筋上部

意識ポイント

脇をしっかり閉じる

反応をよくするには、脇から肩甲骨にかけてさする

Active Conditioning

ネックエクステンション

首の伸展＝上を見る

頭が前に出ている人のためのコンディショニングです。頭は常に前に倒れ気味で、その重さを支えるために首が疲れやすくなり、高じると、肩が上がり気味になります。この状態は走る際の上半身の力みにつながり、レース終盤のスピードに影響を与えます。上を見るような首の伸展のコンディショニングに取り組みましょう。

とくにお勧め

- 頭が前に出ている
- 首が疲れる

改善を実感してください

- ●頭の位置が戻る
- ●肩と首の動きがよくなる

start

・首の後ろの骨（棘突起）を片手で触る
・上を向き、あごの下に手を添える

KEY

身体がぶれないように首だけ動かす

・あごを押し上げるようにする

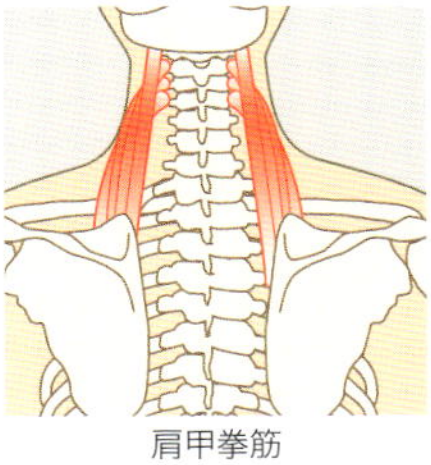

肩甲挙筋

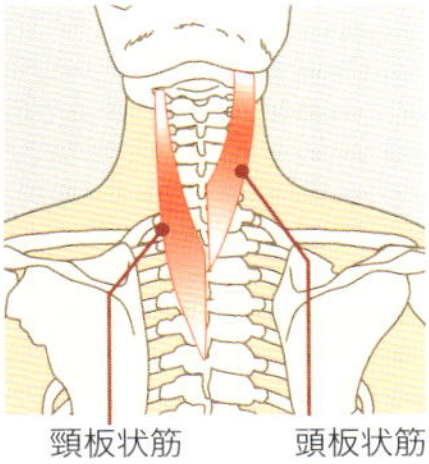

頭板状筋　頭板状筋

意識ポイント

頭だけを動かす

反応をよくするには、首の後ろをさする

Conditioning

5 背骨のコンディショニング

背骨は身体の真ん中にあり、動きを調整している要です。本来は寝ているときの寝返りによって、背骨まわりの筋肉の疲労を回復させるのですが、練習量が多く回復できないと、背骨まわりの筋肉が硬くなります。そうなると疲れがとれないだけでなく、背骨まわりの痛みや腰痛の原因になります。また、コアといわれる４つの筋肉で中心軸を構成しているため、背骨まわりの緊張はコアを働かせづらくもしてしまうのです。

こんな人にお勧め！

モニタリング結果が──

C-1 長座になる
▼⑩骨盤が倒れる

C-2 長座でバンザイをする
▼⑪背中にハリがある

ランニング時や日常生活で──

t 後半にスピードが落ちる

u 背中が張る

v 腰が痛い

コンディショニングのターゲット

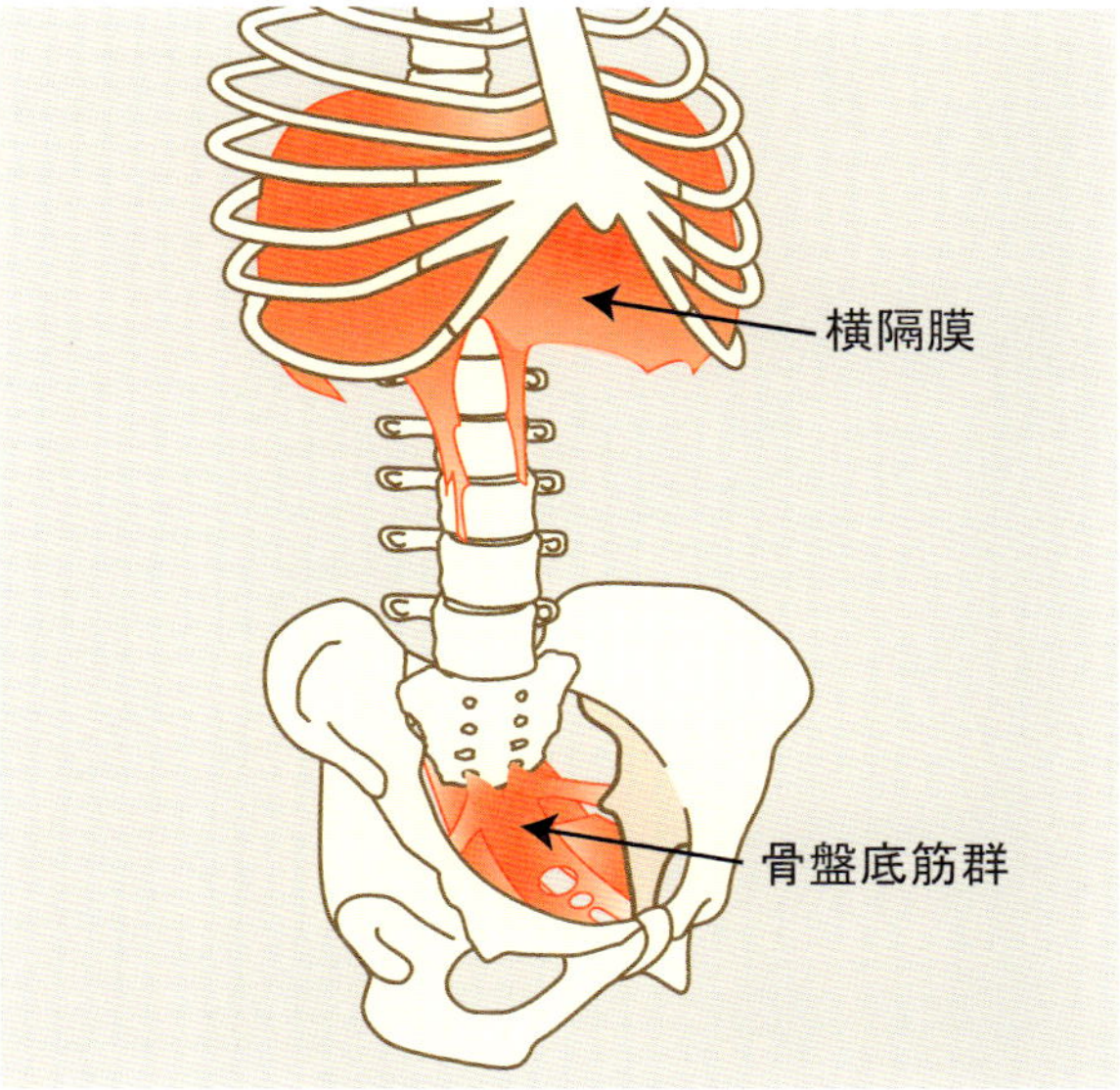

横隔膜・骨盤底筋群

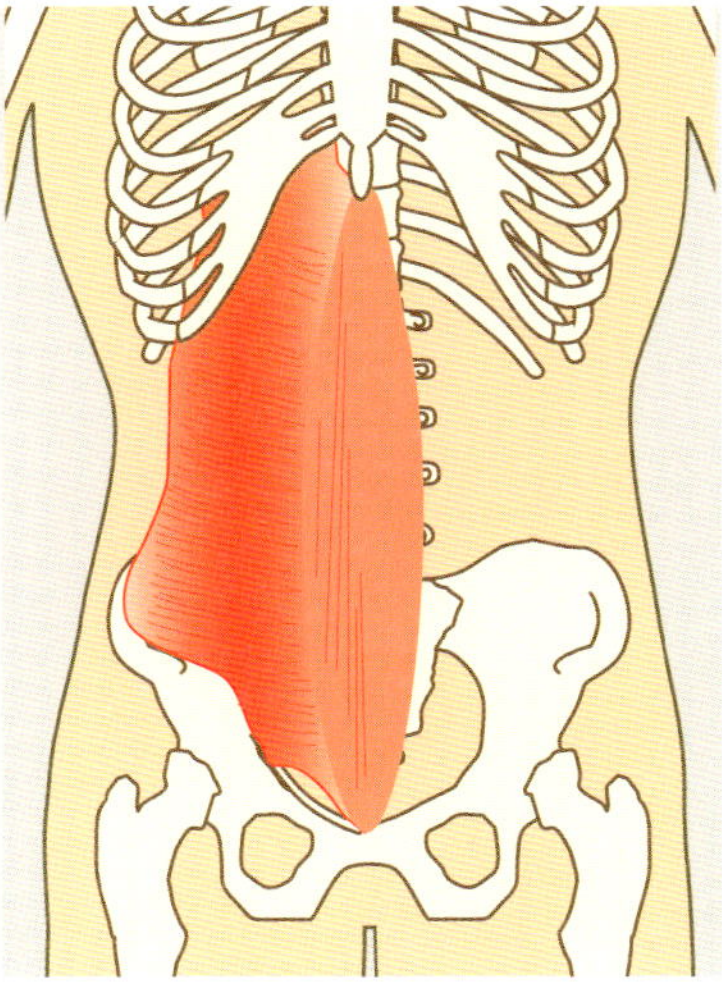

腹横筋

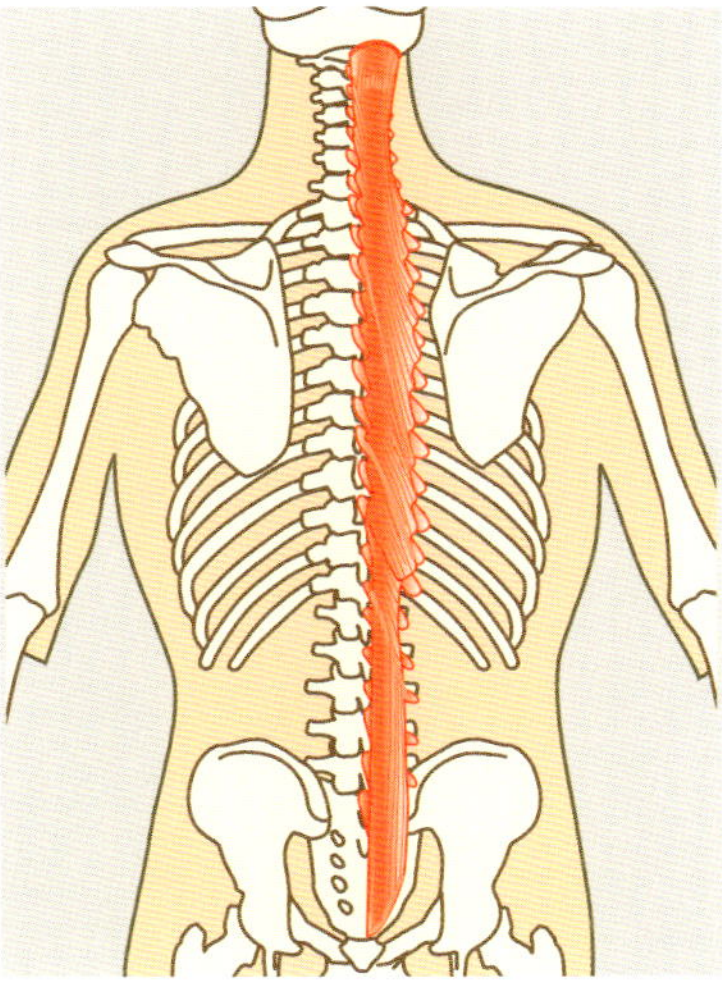

多裂筋

コアといわれる４つの筋肉。そのほか、脊柱起立筋、内外腹斜筋、腹直筋も関連している

Reset Conditioning

背骨のリセットコンディショニング

背中から腰にかけての慢性的な痛みに悩むランナーは多いと思います。疲労し続けている背骨まわりの筋肉や骨格をリセットすることが改善の第一歩です。

Reset Conditioning

胸椎クルクルトントン

背骨上部のリセット

\start/

・仰向けに寝る
・両脚をそろえ、膝を立てる

・両腕を伸ばし、上げ下げする

脱力し、手を動かす

両腕の角度を変えて行う

片腕ずつ上げ下げする

改善を実感してください

●床につく背中の面積が広くなる

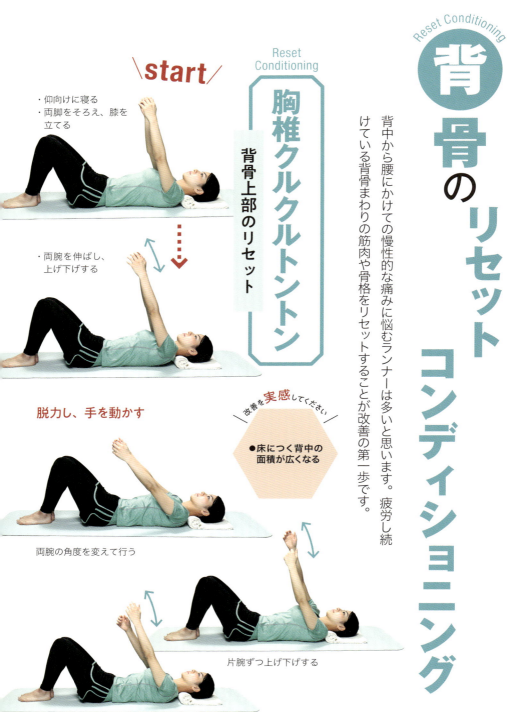

Reset Conditioning

腰椎クルクル

腰椎と骨盤のリセット

・仰向けに寝る
・両脚をそろえ、膝を立てる

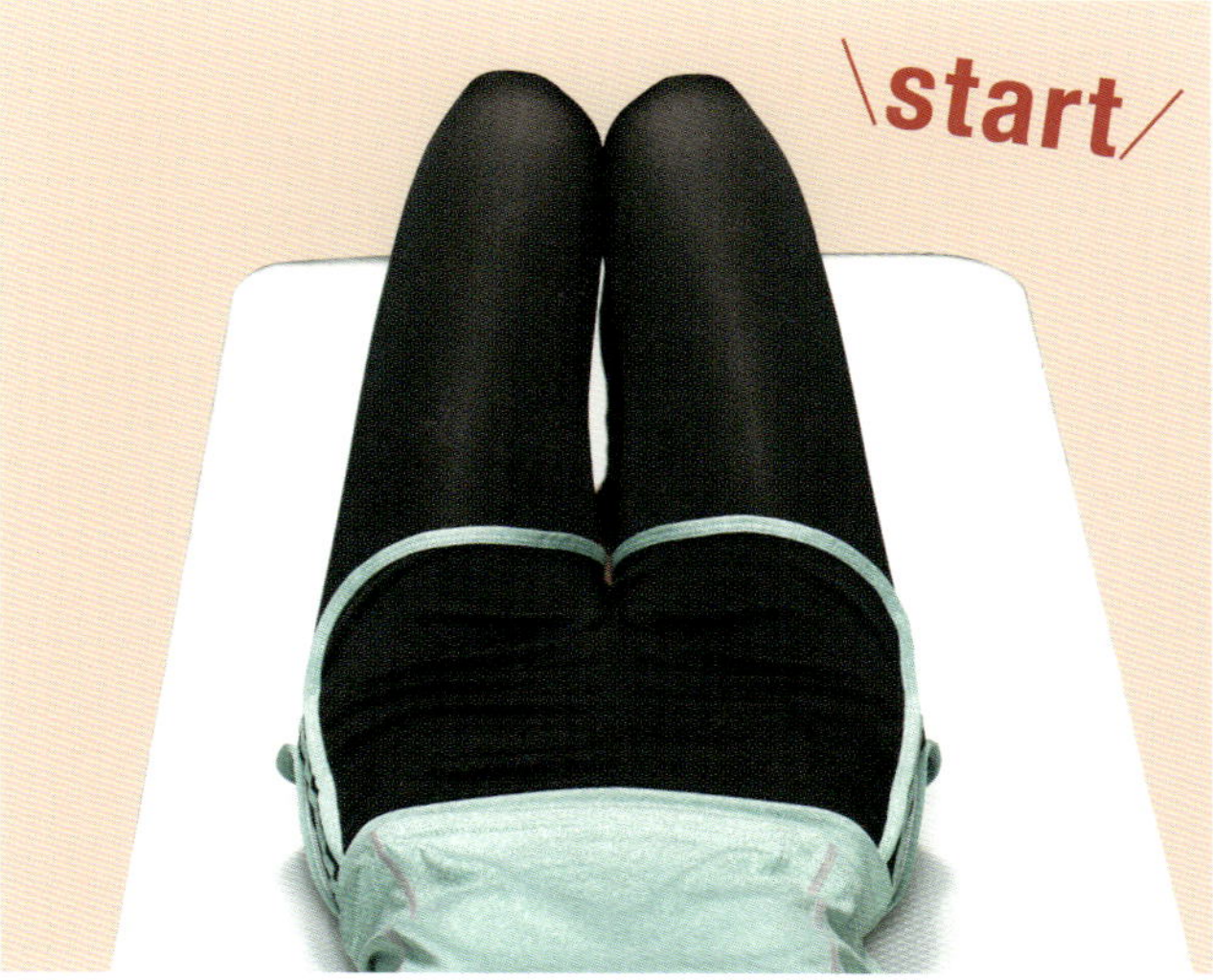

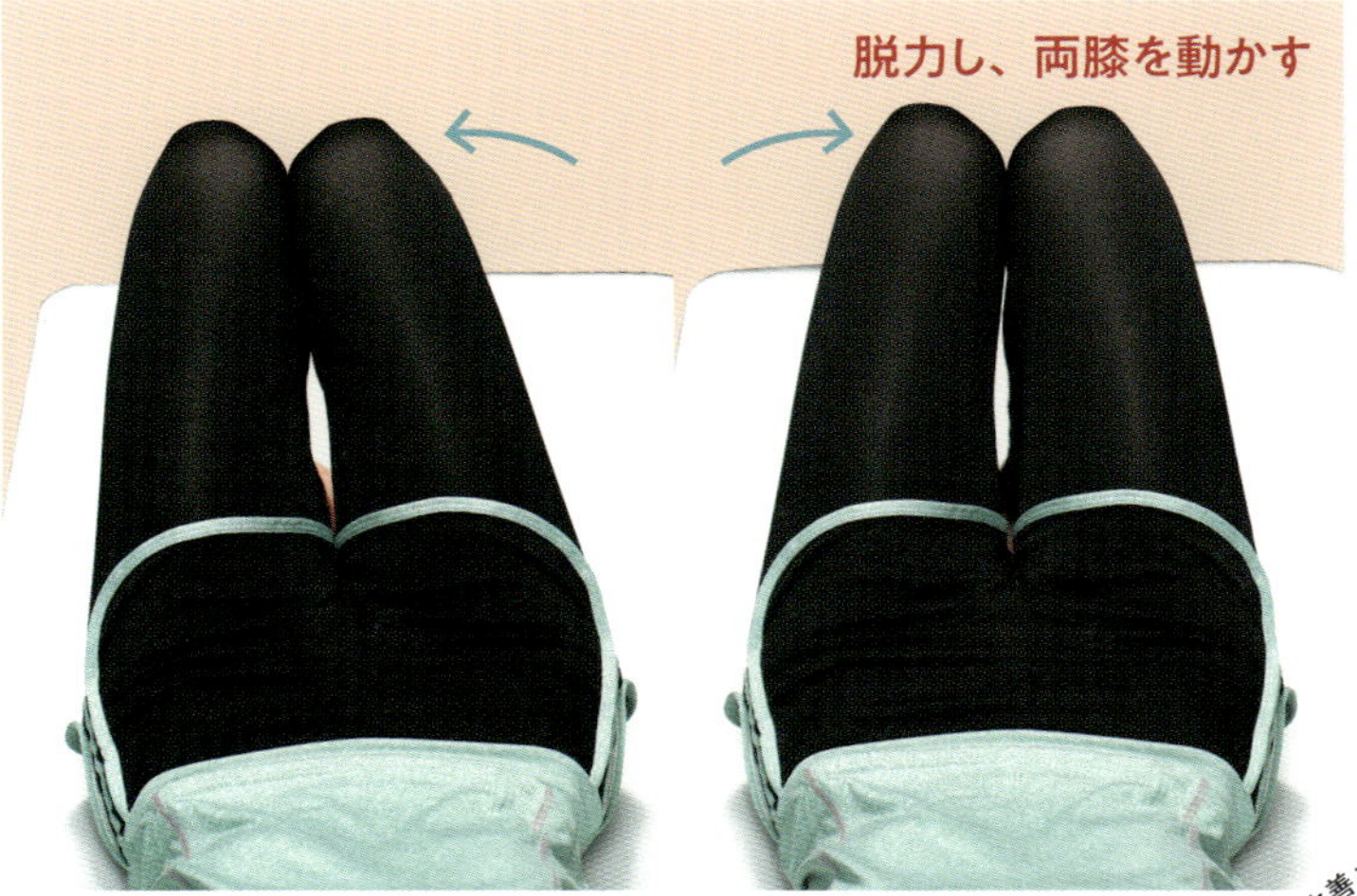

・膝をそろえたまま、小さく左右に振る

改善を実感してください

●腰が床に近づく
●腰が楽になる

Reset
Conditioning

腰椎トントン

腰椎の反りのリセット

\start/

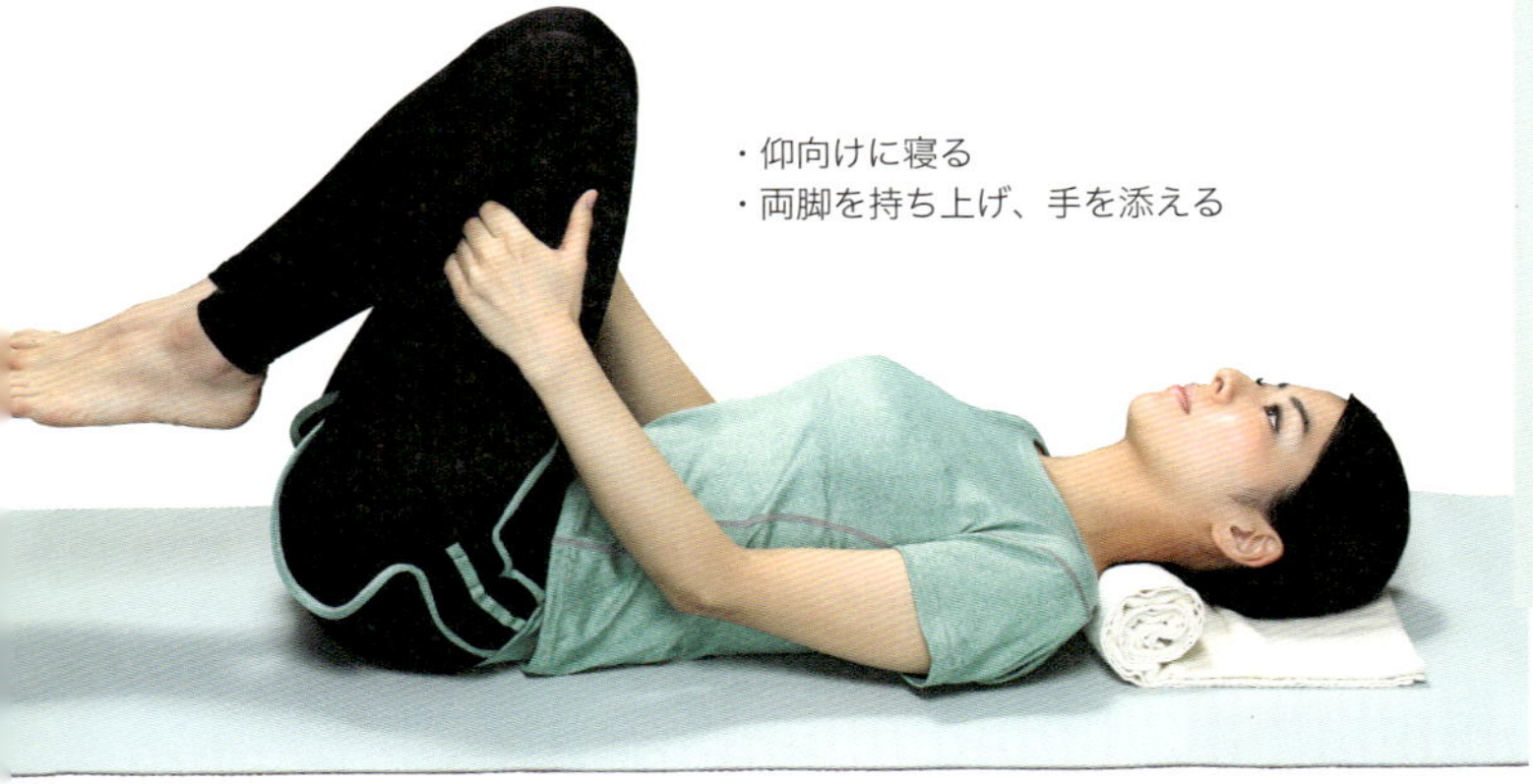

・仰向けに寝る
・両脚を持ち上げ、手を添える

脱力し、脚を手で動かす

・そろえた膝を身体に近づけるようにして小さく動かす

改善を実感してください

●腰が床に近づく
●腰が楽になる

Reset Conditioning

ヒップボーンターン

骨盤まわりのリセット

\start/

・仰向けに寝る
・片脚を伸ばし、片脚を曲げる

①伸ばした脚を内回しにする
※膝を内側に向ける

②そのまま、膝を少し曲げる

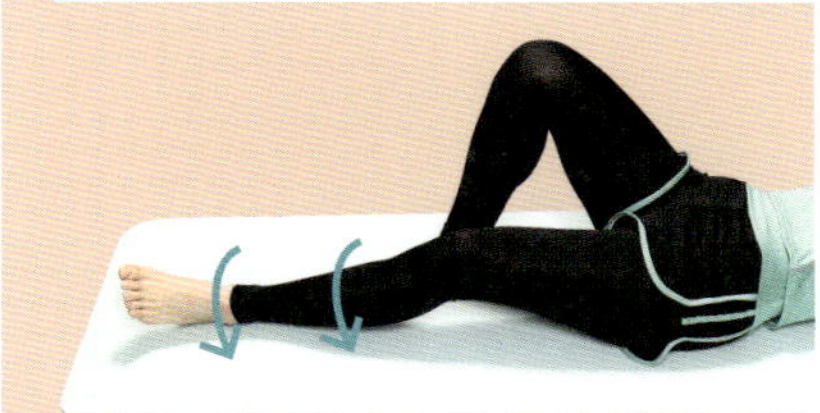

③膝を少し外に倒す

④かかとを滑らせ、
膝を伸ばす

改善を**実感**してください

●床につくおしりの面積が広がる
●脚を動かしやすくなる

脱力し、つま先と膝に意識を向ける

Reset Conditioning

前屈胸椎クルクル

胸椎のリセット

\start/

背中を丸めて前に倒し、
首と腕をだらりと下げる

**上半身を倒す角度を変え、
胸椎を1本ずつ動かす
つもりで行う**

腕を左右交互に上げ下げする

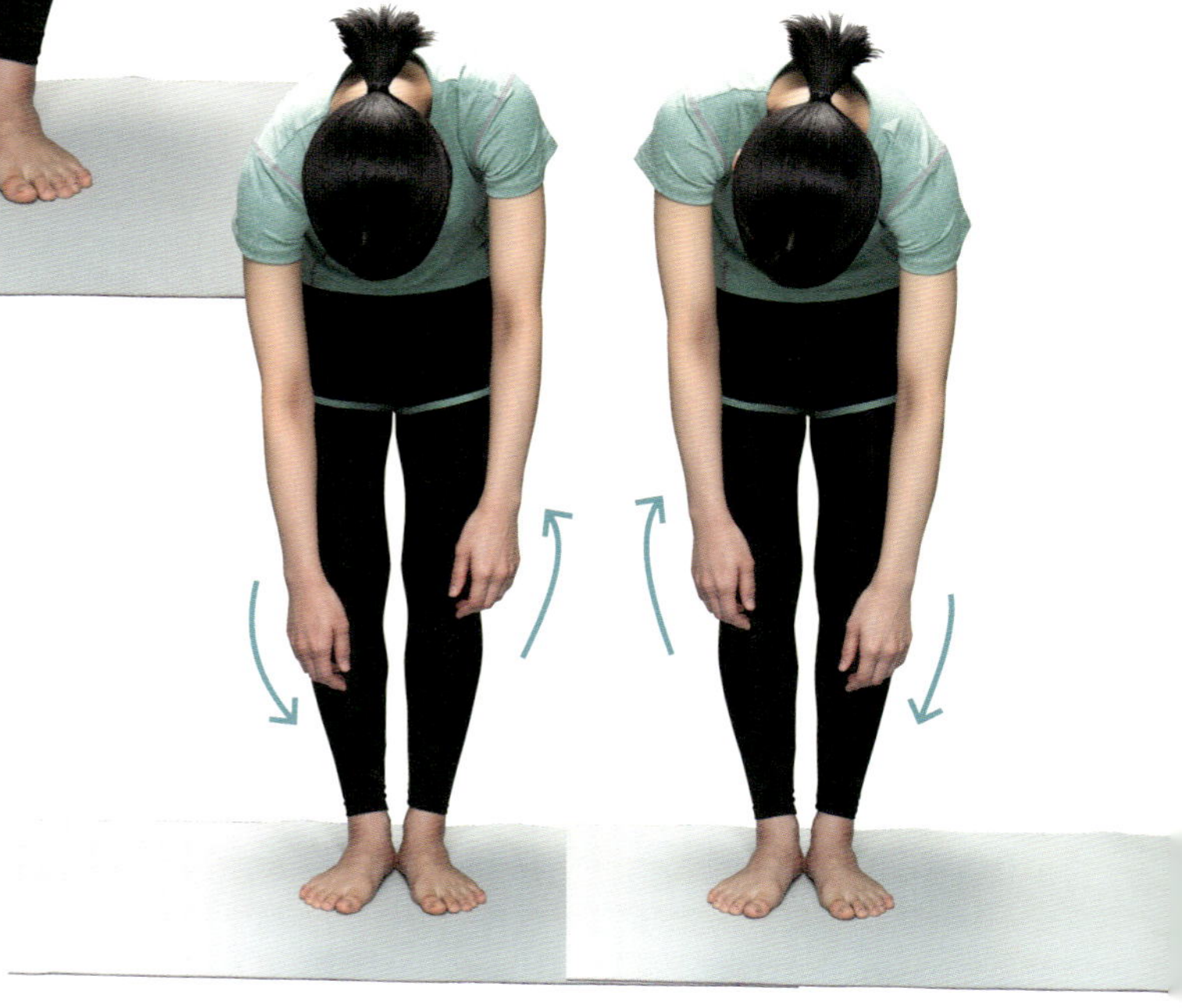

改善を実感してください

- **背が伸びた感覚を覚える**

月経について

指導者の方々へのお願いとして

女性ランナーが月経困難症や無月経に悩まされることがあります。これは、練習量の多さ、ストレス、総エネルギー量の不足などが、女性ホルモンの働きを狂わせることで起きます。指導者によっては、体重が増えるから、月経はうっとおしいから、勝てるのだから、月経がないのはいいことだといっている人を見かけます。これは女性選手にとって、人生を大きく左右することにもなります。

月経がこないデメリットは、次の通りです。

パフォーマンスの低下
トレーニング効果の低下
回復能力の低下
骨粗鬆症の原因
イライラや集中力の低下など、心理的な乱れ

指導者なら、ご自身の選手の将来までもきちんと見据えた指導をするべきだと、私は思います。月経と選手がどうつき合うかを指導するのも、指導者の大切な役目です。専門のドクターにも相談されることをお勧めします。

Active Conditioning

背骨のアクティブコンディショニング

背骨のアクティブコンディショニングは身体の中心軸をつくることです。中心軸が安定すると、効率がいいぶれない走りをできるようになります。

Active Conditioning

アブブレス＆ストロングブレス

コアのトレーニング

コアをトレーニングする手段は呼吸だけです。息を吐くことでコアの筋肉（腹横筋、多裂筋、骨盤底筋群）が刺激され、軸が整います。どのコンディショニングも、息を吐きながら行うことで、コアとともに整えられます。

とくにお勧め

・すべてのランナーに
・背中にハリがある

・仰向けになり膝を立てる
・立てた膝はそろえておく
・ウエスト（腹横筋）を手で圧さえる

start

意識ポイント
おなかがへこむ意識をもつ

KEY 腹横筋に意識を向ける

アブブレス
スーッ ハーッ

ストロングブレス
ハッハッハッ ハッハッ

改善を実感してください

- **軸が整い、立ちやすくなる**
- **ウエストが細くなる**

●アブブレス
・息を鼻から吸い、口から吐く
※60～70％を吐くと、腹横筋に働く
※この呼吸をゆっくり繰り返すと、心が安定する
●ストロングブレス
・息を鼻から吸い、口から「ハッハッハッ」と3～5回で吐ききる
※交感神経が刺激され、気合が入る

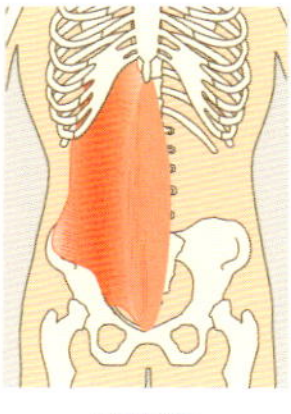

腹横筋

Active Conditioning

フェイスダウンブレス＆肘つきフェイスダウンブレス

おなかで姿勢を支える

息を吐くと、腹横筋と多裂筋が同時に働き、背骨を支えることができます。うつ伏せでおなかにタオルを入れることにより腹圧が上がりますが、この状態で息を吐くと多裂筋が働きやすくなります。この呼吸は姿勢を安定させるために大切なコンディショニングにです。

とくにお勧め

・すべてのランナーに
・背中にハリがある

改善を実感してください

●軸が整い、立ちやすくなる
●背が高くなった感覚を覚える

●フェイスダウンブレス
・うつ伏せに寝て、おへその下にタオルを入れる
・おでこの下に手を重ねる
・脚をそろえる
・かかとと背骨を一直線にする

start

start

●肘つきフェイスダウンブレス
・肩の真下に肘がくるように、肘つきになる
・脇を締め、手のひらを上に向ける

息を吐き、おへそをタオルから離す

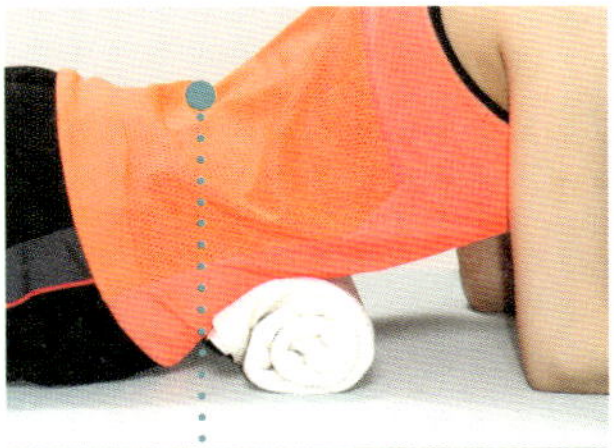

KEY 息を吐くと背骨が立ち上がる意識をもつ

意識ポイント

おへそを体内に押し込むように

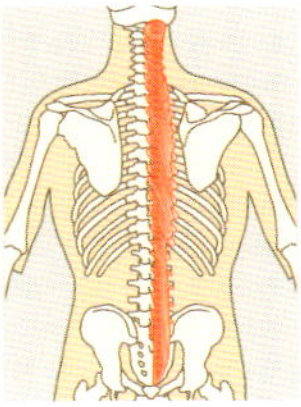

多裂筋

立ったまま行ってもいい

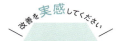

Active Conditioning

胸椎ツイスト＆ローテーション

回旋の改善

胸椎の回旋（左右に捻る動き）は、走りをスムーズにする大切な動きです。回旋が起きないと上体がぶれやすくなり、走りにロスが生まれます。この動きは、視線の使い方だけでも硬くなってしまいます。この回旋がうまくいくと、腕を振りやすくなると同時に推進力も増し、走りがぐっと楽になります。

とくにお勧め

- 上半身の動きが硬い
- 腕を振ると、軸がぶれる

意識ポイント

真ん中軸を意識する

反応をよくするには、視線の反応（下の★印参照）を確認する

start

- 脚をそろえ、つま先を開いて立つ
- かかと、恥骨、胸骨、眉間を一直線（真ん中軸）にする
- 両手を真ん中で合わせる

●ツイスト

- 息を吐きながら、手を左右に振る

左右差がある場合

★視線を動きが悪いほうに向ける（3～5回）

●ローテーション

- 一方の肘を曲げ、身体につける
- 肘を曲げたほうの肩を引くようにして胸椎を回す
- 前に出ている手は胸の前にキープする

実感＆確認 POINT

- ●上体が回りやすくなる
- ●腕振りが楽になる

KEY

腰から下を動かさない

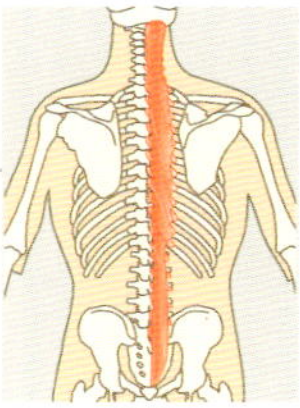

多裂筋

第5章

ランナーのパフォーマンスを高めるアクティブコンディショニング

もものの内側やおしりの筋肉はランニングパフォーマンスを高めるための大切なものですが、日常生活ではあまり使わないため、うまく使えていないランナーが多く見られます。この章ではそうした改善が求められる部分や機能に焦点をあて、再教育を施すアクティブコンディショニングを提案します。これらのコンディショニングを走る直前や途中に行うことで、ランニングパフォーマンスをすぐに高めることができます。

走る直前やインターバルに施すアクティブコンディショニング

ロードでもできます

Active Conditioning

ランジ 足裏パワーポジション

足首と膝の連動

足首と膝の動きの連動をトレーニングします。足裏パワーポジションで床を押し、膝が前方に出る動きをつくります。上体は真ん中を意識し、上方へ保つことで軸づくりのトレーニングになります。足首と膝の連動は、地面を蹴った際に上体に力を伝える重要な動きです。地味なトレーニングですが、コツコツと行うことで必ず結果につながります。

こんな悩みに

・ストライドが伸びない

\start/

・ランジのフォームになる
・前足も後ろ足も、「腰骨→膝→つま先」が一直線になるようにする
・上体を真っすぐに立てる

意識ポイント

指に力を入れない

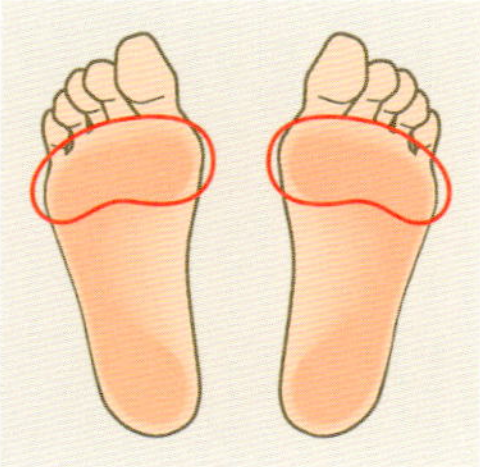

足裏パワーポジション

・前足の足裏パワーポジションで床を押す
・膝が前方に出る
・上体を真ん中に残したままにする

足首と膝が連動する

回数の目安は 10 ～ 20 回。
呼吸をしながら行う

※安定しない場合は膝つきランジ（P093）を先に行う

Active Conditioning

ランジローテーション

推進力には回旋

回旋動作は、推進力を生みます。ランジしながら回旋する連動トレーニングで、回旋する上体と身体を支える下肢の動きを切り離します。上体の回旋動作をしても脚がぐらつかないことが重要です。

こんな悩みに

・推進力を高めたい

意識ポイント

身体の中心を意識する

手を伸ばしても身体の中心から外れないように意識する

start

・ランジのフォームをとる
・前足も後ろ足も、「腰骨→膝→つま先」が一直線になるようにする
・上体を真っすぐに立てる
・片手を身体の真ん中に置き、もう一方の手の肘を曲げ、身体につける

ぶれない軸が手に入る

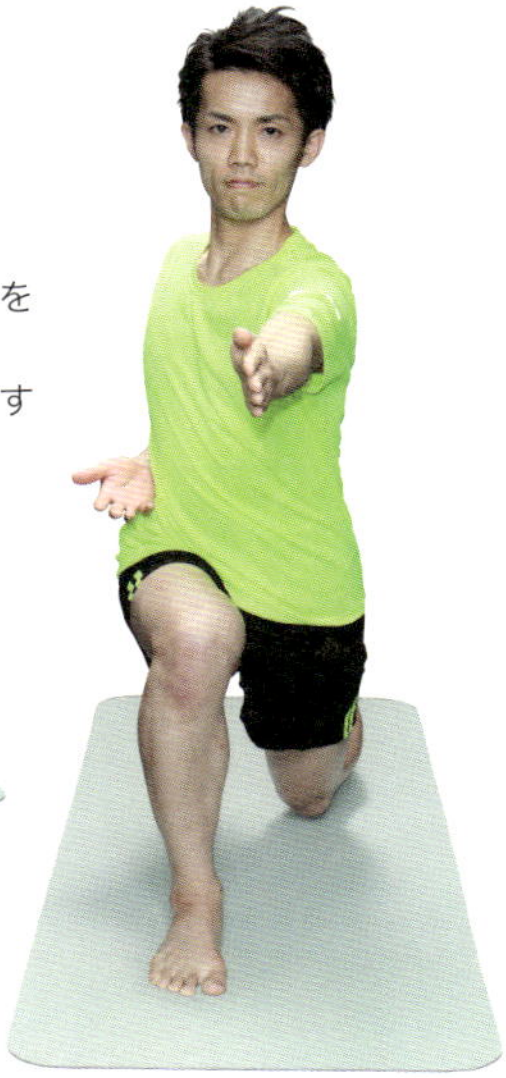

・肘を曲げたほうの肩を後ろに回す
・前の手を前方に真っすぐに伸ばす

※安定しない場合は膝をついて行うか、胸椎ツイスト＆ローテーション（P120）を行う

>>>推進力を高める

Active Conditioning

立位ローテーション

スムーズな回旋

立った状態で行う回旋運動です。回旋がうまくいかないときに、足、膝、股関節、骨盤の回旋を連動させるトレーニングです。恥骨、胸骨、鼻筋を通る身体の真ん中のラインを感じながら行ってください。

こんな悩みに
・上体のぶれが気になる

・片方の腕を曲げ、身体に沿わせる
・肩を引き、上体を回旋させる
・前に出ている手を真っすぐに前に伸ばす

身体の真ん中を意識する

\start/

・真っすぐに立ち、つま先を広げる
・手を胸骨の前で合わせる

意識ポイント
下肢がぶれないように

身体の中心を意識し、前の手をその真正面から外さないようにする

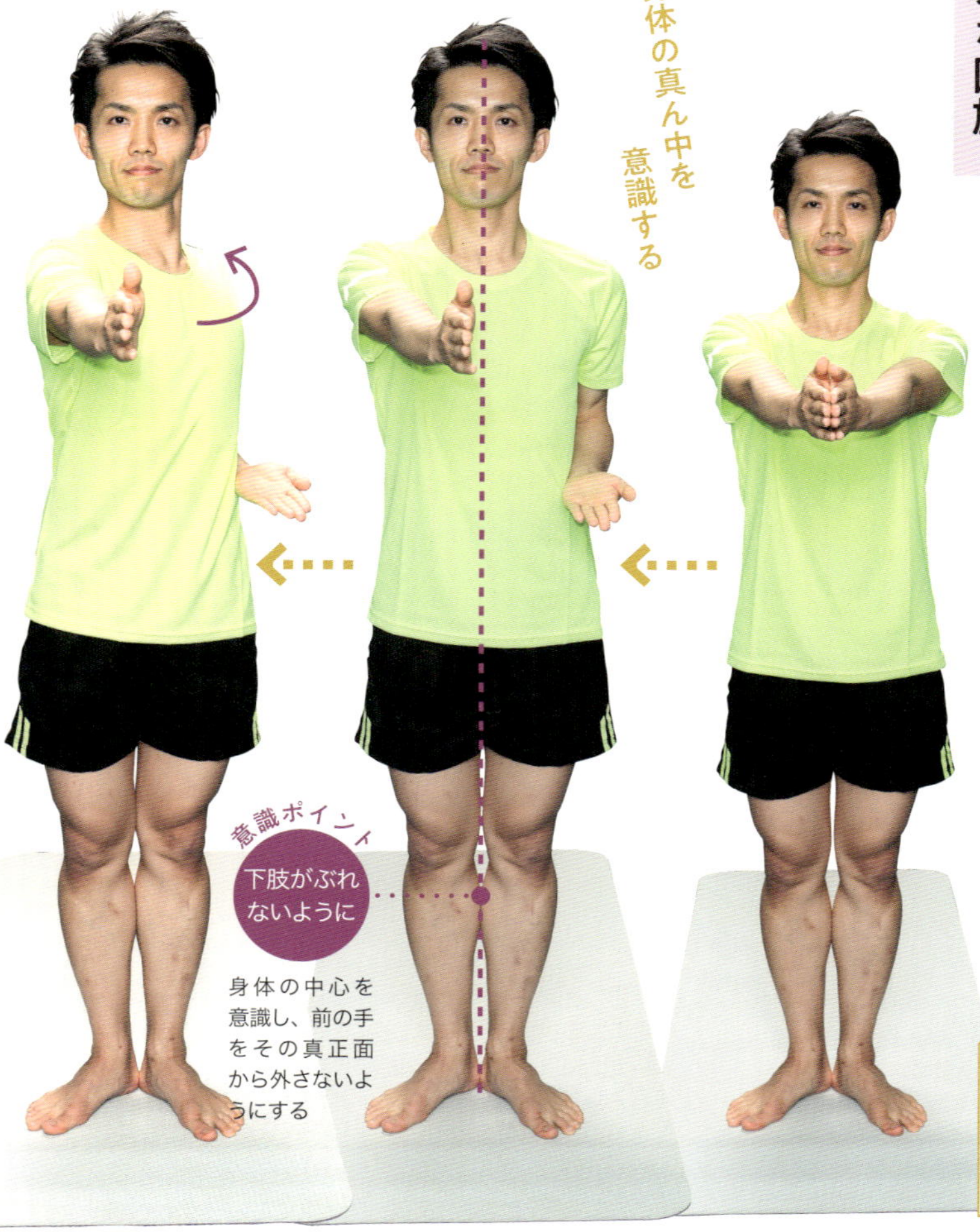

回数の目安は10〜20回。呼吸をしながら行う

Active Conditioning

壁つきクロスウォーク

上体の安定と下肢の連動

壁に手をついて上体の中心を固定することで、背骨の回旋と股関節や骨盤の連動を引き出すコンディショニングです。ストライドの左右差、身体の左右のぶれなどを改善できます。練習の前に行うことで、疲労感が少なくなるはずです。

こんな悩みに

・ストライドに左右差がある
・身体が横ぶれする

start

・壁の前で身体を倒す
・手で支える
・かかとから頭までを一直線にする
・つま先を広げる

走りのぶれをなくす

・脚を外回しにしながら交差する

意識ポイント

中心を意識する

頭の位置などを意識し、身体の中心をずらさないようにする

Active Conditioning

フェイスダウンブレス・ワンハンド

腕を動かしても軸がぶれない

腕を動かしても身体の軸がぶれないようにするコンディショニングです。真ん中軸を常に意識して腕を動かすトレーニングで、ぶれない体幹がつくられていきます。

こんな悩みに

・腕振りがうまくいかない

真ん中軸の確立

start

・うつ伏せになる
・肘を肩の真下につく
・手のひらを上に向ける

・息を吐きながら、手のひらを下にする
・その手を床に滑らせ、前へ運ぶ
・肩の高さを変えない
・中心軸を保つ

意識ポイント

背骨を下から立てていく

背中を反らせるのではなく、呼吸によって背骨が1本ずつ立ち上がる感覚を意識する

・前に伸ばした腕を上げる

意識ポイント

肩の位置を変えない

息を吐き、上体を安定させる

回数の目安は 10 ～ 20 回。呼吸をしながら行う

Active
Conditioning

プランク＆連続プランク

背中をおなかで支える

体幹トレーニングの代表的な種目です。背中をおなかで支える感覚で行います。足や腕で支えることがないようにします。息を吐きながらおなかをへこませ、背中を支えます。

こんな悩みに

・上体がぶれる
・頭の位置がぶれる

start

・うつ伏せになり、肘を肩の真下につく
・手のひらを上に向ける
・つま先で支えない

息を吐き、おなかをへこませる

意識ポイント
背中から頭までを一直線に

●プランク
・息を吐きながらおなかをへこませ、上体を引き上げる（10 ～ 20 秒）
●連続プランク
・連続して行ってもいい。回数の目安は 10 ～ 20 回

呼吸をしながら行う

Active Conditioning

足裏パワーポジション（立位）

床反力を利用する

地面を足でしっかり蹴るためのコンディショニングです。地面を蹴る場所は、指のつけ根全体です。地面をつけ根全体で押すイメージをもちましょう。小指側や親指側に体重が乗らないように、膝を真っすぐ前に出しながら、足裏パワーポジションを意識します。

こんな悩みに

- 地面の反力を利用したい
- 地面をしっかり蹴りたい

start

推進力がみるみる高まる

- 膝を軽く曲げる
- 股関節を屈曲させる
- おしりを突き出す

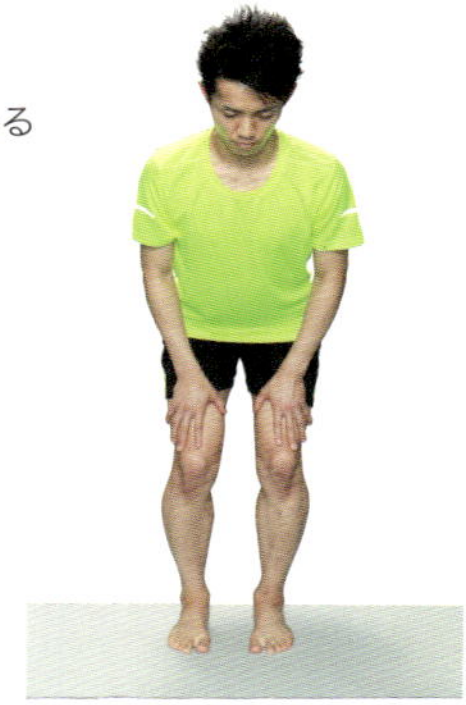

意識ポイント

つま先と膝を同じ方向に

- 一方の足のかかとを持ち上げ、足裏パワーポジションに乗る
- かかとが地面についているほうの脚の膝を伸ばす

回数の目安は 10 ～ 30 回。
呼吸をしながら行う

Active Conditioning

ストレートカーフレイズ

軸を保つ

身体を真っすぐにして軸を保つ、基本的なトレーニングです。かかとを真上に上げるときに、軸を確認できます。軸を保てると、地面を押す力を効率よく使えることを実感できます。

こんな悩みに

- 地面を押す力が弱い
- 軸を意識できない

\start/

- 両足のかかとをつけ、つま先を開く
- 軸を意識し、「かかとの真ん中→恥骨→おへそ→胸骨→鼻筋」を一直線にする

- 軸を真っすぐに保ったまま、かかとを真上に上げる
- おへそを真上に上げるイメージで行う

地面を蹴るときの軸が意識できる

意識ポイント

おへそを真上にもち上げる

身体の中心の軸を意識する

回数の目安は 10 ～ 30 回。呼吸をしながら行う

Active Conditioning

レッグカール（立位）

股関節を使う

ウォーミングアップや練習中のわずかな空き時間に簡単にできるコンディショニングです。もも裏全体の筋肉を意識して行ってください。膝がしっかり伸び、足の安定感が増します。

こんな悩みに

- 脚が上がりにくい
- ハムストリングスが張る

ランニング中の信号待ちのタイミングでも

意識ポイント
背中を真っすぐにし、膝を身体の真下に置く
start

・かかとを左右交互におしりにつけては戻す

・脚を肩幅の広さに広げて立つ

回数の目安は20～50 回。呼吸をしながら行う

※走りながら行ってもいい

Active
Conditioning

クロスウォーク

軸の安定とスムーズな回旋

軸を安定させた状態で歩けるように整えます。体幹の回旋と脚の動きを連動させるトレーニングです。手の位置にかかわらず、肩を下げて行うことを意識してください。

こんな悩みに

・足の運びが乱れる

start

・かかとと脚をそろえて立ち、真っすぐな軸を意識する
・手を腰にあてる
・つま先を外に向ける

・もものつけ根から回すように脚を出し、交差させて着地する
・つま先を外に向け、かかとを地面につける

手の位置を変え、同じようにして、足を運ぶ

手を頭上で合わせる

手を胸の前で合わせる

意識ポイント
身体の軸をぶらさず真っすぐ歩く

もものつけ根から回すようにして、足を運ぶ

回数の目安は 10 〜 30 回。
呼吸をしながら行う

Active Conditioning

バッククロスウォーク

回旋が驚くほどスムーズに

足をクロスさせながら、うしろ向きに歩きます。うしろ歩きすることで、大殿筋やハムストリングスなどの脚のうしろ側の筋肉と体幹を連動させる動きを再教育します。大股で走る際に、足の運びがスムーズになります。

こんな悩みに

・地面をうまく蹴ることができない

\start/

・かかとと脚をそろえて立つ
・両手を腰にあてる

大股で走れる

意識ポイント

軸を意識ししっかりクロスする

・クロスウォークと同じように脚を交差させ、後ろに進む

回数の目安は 10 ～ 30 回。
呼吸をしながら行う

Active Conditioning

コアスイング

地面をうまく蹴る

足をうまく運ぶようにするためのコンディショニングです。足の裏と体幹の連動をトレーニングします。目線を変えず、足裏と足首を前後に使いながら、身体を移動させてください。

こんな悩みに

・着地時に違和感がある
・足の運びに違和感がある

start
足裏パワーポジションで蹴る
意識ポイント
前足に乗るときに、腰骨、膝、つま先を一直線に

・膝と足を腰骨の下に置く
・脚を前後に開く

・うしろに体重をかける
・前足のつま先を上げる

・前足に体重を移しながら、うしろ足のパワーポジションで地面を蹴る

回数の目安は 10 ～ 30 回。呼吸をしながら行う

Active Conditioning

フェイスダウン（股関節）

膝、股関節、骨盤、腰椎の連動

股関節を柔らかく使いたい人のためのコンディショニングです。股関節と骨盤の連動、股関節と膝の連動を引き出します。股関節が硬く、倒れ気味の上体で走るクセがある場合や、股関節に違和感を感じやすい場合に行うことをお勧めします。

こんな悩みに

- 股関節に違和感がある
- 上体が股関節に乗らない

回数の目安は 20 ～ 30 回。
呼吸をしながら行う

＼start／

股関節の機能を呼び起こす

- うつ伏せに寝る
- タオルをおへその下に入れる
- 膝を曲げ、足裏を真ん中で合わせる

- 内くるぶしを片方ずつ床にあてる

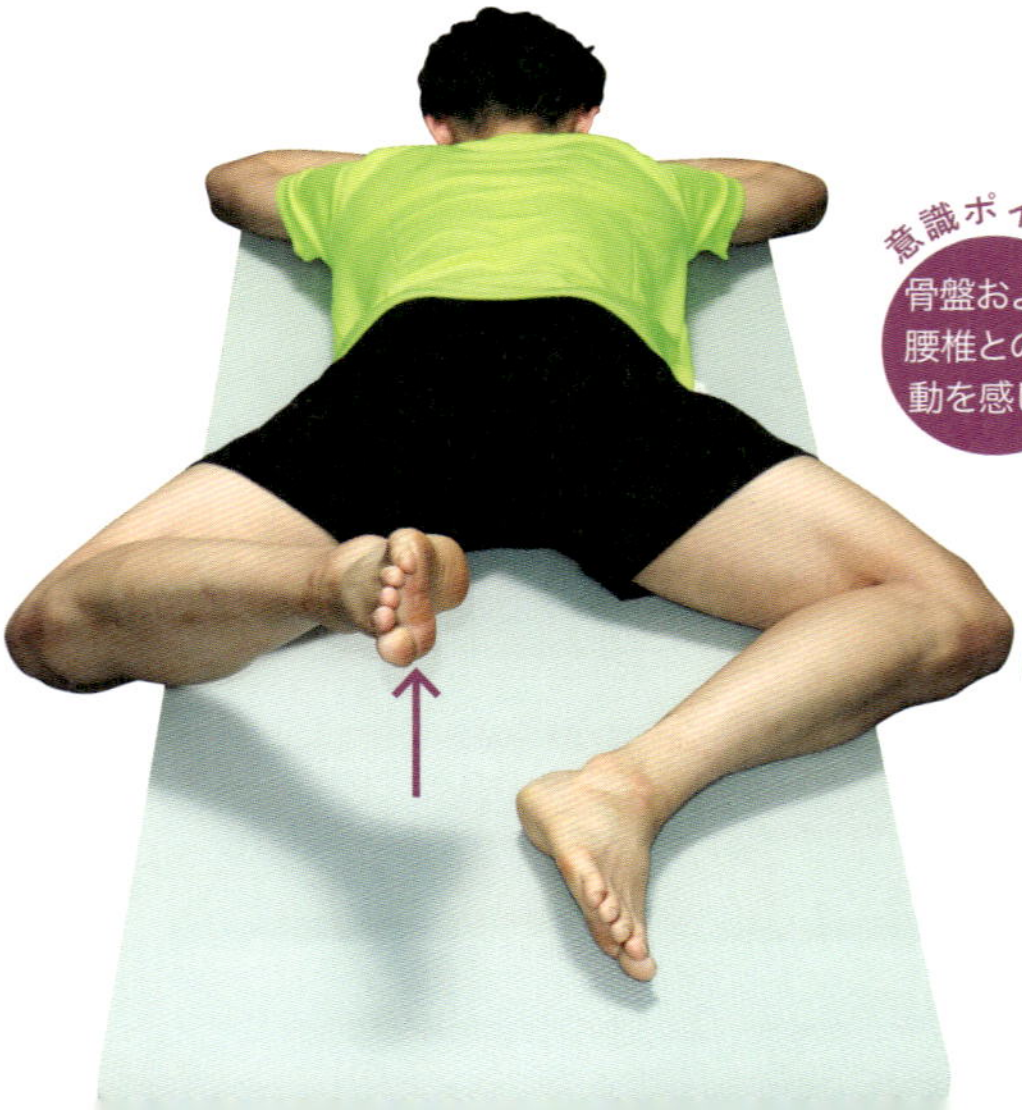

意識ポイント
骨盤および腰椎との連動を感じる

痛みと故障について

痛い身体で練習しない、歪んだ身体で走らない

コンディショニングにおいて常に心がけてほしいのは、痛い身体で練習をしないことです。故障には予兆が必ずあります。自分の身体の調子を見ながら、筋肉を整えるようにしてください。自分で自分の身体を整えられるかどうか、これがいい選手になるための入り口です。

競技によって故障しやすい部位は異なりますが、どの競技でも故障の仕組みは同じです。故障するのは、その箇所の筋肉が弱いからでも筋力が低下しているからでもありません。「使いすぎの筋肉」と「使えていない筋肉」とのアンバランスが故障を引き起こすのです。

動きのクセのせいで、歪んだ骨格のままで練習すると、その関節の動きを構成する筋肉にアンバランスが発生します。同じ動作の繰り返しは、スキル練習では必要ですが、過度な繰り返しは故障を引き起こしかねません。

練習の合間には休憩時間が必要であり、その休憩時間の間に使えていない筋肉のトレーニングを行うのが理想です。本書で紹介したリセットコンディショニングで歪みを正して使いすぎによる疲労を回復させること、そしてアクティブコンディショニングによって使えていない筋肉を再教育してアンバランスを改善することは、故障を予防するためにも有効なのです。

ランナーが故障しやすい箇所と予防のコンディショニング

故障の種類	足底筋膜炎
症状	足裏のかかと側や真ん中あたりが痛くなる症状ですが、足の甲に痛みを感じる場合もあります。 原因は、足指に余計な力が入っていること、つま先から突っ込んで走る、骨盤がうまく動かず、かかとに体重がかかっていることなどから起こります。 足の裏や甲には、ふくらはぎやすねの筋肉が腱になってついています。足指を動かす小さな筋肉も集中し、常にストレスにさらされているため、日常的なコンディショニングが欠かせません。
リセットコンディショニング	**指分け▶P086** **リスフラン&ショパール関節▶P087** **かかと揺すり&足首回し▶P088**
アクティブコンディショニング	**サムライシット▶P090** **足裏パワーポジション▶P092**

膝痛	アキレス腱炎	シンスプリント
膝の痛みの原因のひとつは膝のねじれ。股関節が内回しでつま先が外に向く走りをしている選手に起きます。直立したときに、もも・ふくらはぎがつかない状態や、長座をしたときと寝たときに膝裏が浮く場合、膝痛になる可能性が高くなります。 膝を伸ばす動きを習慣的に行うことで防げます。膝の曲がりが原因で走りのロスを招いているため、伸ばすことで地面の力を伝えられる力強い走りに変わります。	アキレス腱が痛む症状ですが、アキレス腱はかかとに付着しているため、かかと痛から始まることもあります。 主な原因は、ふくらはぎの使いすぎです。 走ると、どうしてもふくらはぎの使いすぎになりやすいのですが、ふくらはぎの弾力を保つことはランナーにとって大切です。練習前後の足首回しは必ずやってほしいコンディショニングですし、練習後の下腿のストレッチも必須です。	すねの内側が痛くなる故障です。練習量の急激な増加で起きることが多いため、新人病ともいわれます。 つま先から地面に突っ込んだり、アーチが落ちたりすることなどから起こります。高じるとすねの骨（脛骨）の疲労骨折になります。 すねの筋肉は腱になって足首を通り、足の甲と足裏に付着しています。足首のコンディショニングを十分に施すことや、すねとふくらはぎの筋バランスを整えることが予防につながります。
クルクルトントン(トントン強調)▶P064 **膝窩リンパコンディショニング▶P066**	**かかと揺すり＆足首回し▶P088** **下腿リンパコンディショニング▶P077** **段差を使ったふくらはぎのストレッチ▶P139**	**かかと揺すり＆足首回し▶P088** **下腿リンパコンディショニング▶P077**
ニーローテーション▶P082 **ニーエクステンション▶P080** **レッグカール▶P070**	**（痛い場所を圧さえての）トーアップ▶P091** **ヒールスライド▶P081**	**トーアップ▶P091**

腰痛	股関節痛	腸脛靭帯炎
腰痛はランナーにとって致命傷にもなります。 原因は股関節の使いすぎです。腰椎の裏側にある大腰筋が使われすぎて腰椎の弾力を損ねることで、背中側にある脊柱起立筋が硬くなって腰椎の間を狭め、痛みが出るのです。 腹筋のトレーニングを股関節屈曲の動きとして繰り返すと、大腰筋・腸骨筋（腸腰筋）の使いすぎにつながり、腰痛の原因になります。	股関節の詰まりが最初の自覚症状です。 股関節が常に屈曲傾向にあるので、おしり側の筋肉を使えていないと、この症状が出ます。 股関節には多くの筋肉が通っていますが、股関節が真っすぐに使えていれば、それらの筋肉がバランス良く使われることになります。そこに捻れが生じると、小さな筋肉の付着部である恥骨あたりが痛くなったり、ももの外側にも痛みが生じたりします。股関節を正しく使えるようにすることが予防となります。	腸脛靭帯はももの外側にある大きな靭帯で、おしりの横にある大腿筋膜張筋が腱に移行したものです。 腸脛靭帯が炎症を起こす原因は大腿筋膜張筋の使いすぎです。走るときに股関節の屈曲を繰り返すため、腸脛靭帯の緊張を生むのです。また、膝をまたいでいる筋肉のため膝の捻れもこの靭帯に影響を与えます。 股関節と膝関節は連動し、走りに大きな影響を与えています。このふたつの関節を常に観察し、歪みを改善してください。
腰椎クルクル▶P113 **腰椎トントン▶P114**	**（痛い場所を圧さえての）クルクルトントン▶P064**	**クルクルトントン（クルクル強調）▶P064** **腸脛靭帯を圧さえてのトントン▶P065**
アブブレス＆ ストロングブレス▶P118	**ヒップエクステンション▶P072**	**アダクション▶P069**

練習直後のストレッチ5選

筋肉は筋力を発揮したあと、すぐに伸張したがる（伸びたがる）性質をもっています。練習直後にストレッチを行えば、この性質が活かされ、疲労回復を速めることができます。ランナーにお勧めの5つのストレッチを紹介します。

Stretch

段差を使った ふくらはぎのストレッチ

・つかまるものがある段差を探す
・かかとを段差から落とす
・左右交互に行う

ストレッチは、伸ばしている場所を意識するのではなく、フォームを意識します

start
意識ポイント
かかとをしっかり落とす

Stretch

ハムストリングスのストレッチ

意識ポイント

背中を真っすぐに保って倒す

\start/

・上半身を股関節から倒す
・一方の足を前に出し、つま先を上げる
・身体をさらに前に倒す

Stretch

四頭筋群のストレッチ

意識ポイント

膝を股関節の真下に

・真っすぐに立つ
・足首をもち、かかとをおしりにつける

Stretch

腸腰筋のストレッチ

start

・片膝を立てる
・後ろ足を伸ばす
・体重を前脚にかける（左写真）
・慣れてきたら膝を曲げる（右下写真）

意識ポイント

膝を軽く曲げる

Stretch

背中のストレッチ

意識ポイント

腕を斜め下に

・真っすぐに立つ
・おなかをのぞき込むようにする
・背中を丸くする

おわりに

最後までお読みいただき、ありがとうございました。

このシリーズの第3弾です。ランニングのためのコンディショニングはすべての競技に通じる「走り」の改善プログラムです。

多くの競技の選手たちを指導していますが、ちゃんと歩けていない、ちゃんと走れていない選手が、大勢います。歩きや走りは習うことがなく、自分がちゃんと走れているかどうかはわからないものです。

コンディショニングのよさは、静止している状態で自分の身体を観察でき、歪みがわかり、調整種目がわかることです。

また、リセットコンディショニングで歪みを改善し、使えていない筋肉を再教育することで、歪みづらい、疲れづらい身体へと調整ができます。

多くのアスリートは、ランニングで使いすぎる場所をトレーニングすることが当然と思っています。スクワット、足をもった腹筋運動、バービーのような補強です。私が提唱するコンディショニングではこの補強を禁止します。その代わりに、使えていない筋肉を徹底的にトレーニングします。走って酷使した筋肉のその反対側の筋肉（拮抗筋）をトレーニングするのです。

私自身が、陸上競技短距離をやっていました。当時いいと言われた補強を行い、身体を壊した経験があります。トレーニングはきつければ効果がある、痛いほうが効果があると思い込んで、苦しいトレーニングに耐えても、結局は故障してしまうのです。

機能解剖学と運動生理学を学び、世の中のトレーニングは、なぜ理論どおりにいかないんだろう…と。

本書のコンディショニングは、「相反性の反射」、「寝返りは究極の疲労回復」などの原理原則をきちんと形にしたものです。独自メソッドといわれますが、理論を整理整頓しただけなのです。

指導者の経験則的な指導は、ときとして選手をつぶしてしまいます。トレーニングは科学的根拠に基づくものでなければならないのです。本書は、その科学的根拠をできるだけやさしく書いています。とても楽な動きのものも多くありますが、必ず役に立つコンディショニングばかりです。自分に合ったコンディショニングを見つけて取り組むだけで自己新記録出せることを約束します。強くなりたい、速くなりたい思いがあるならば、まずは原理原則を学びましょう。

この原稿を書いている間にも２０２０年のオリンピックに向けて頑張っている、競歩のＮ選手とマラソンのＭ選手へ。好成績を挙げ、それがコンディショニングに出会ったからといってもらえるように、誠心誠意指導しますね。一番いいコンディションになるようにお任せください。また、執筆にあたり、このシリーズを粛々と進めてくださったベースボール・マガジン社の冨久田秀夫さんにお礼申し上げます。

多くのランナーに届きますように。

有吉与志恵

<著者>**有吉与志恵**（ありよし・よしえ）

コンディショニングトレーナー、有吉与志恵メソッド開発者、一般社団法人日本コンディショニング協会（NCA）会長、株式会社ハースコーポレーション最高技術責任者（CTO）

健康な肉体づくりのプロとして、30年以上のキャリアを誇る。解剖学、運動生理学、東洋医学の考え方を取り入れ、“筋肉を鍛えるよりも整える”ことで姿勢と体調を改善できる、「コンディショニングメソッド」を確立。陸上、クライミング、テニスをはじめとする日本代表アスリート、経営者、政治家、タレントなどを含む、のべ1万人以上のトレーニング、美容、健康づくりを指導してきた。著書に「アスリートのためのコアトレ」「表現スポーツのコンディショニング」（以上、ベースボール・マガジン社）、「40歳からの肉体改造」（筑摩書房）、「コンディショニングスタートブック」（学研プラス）などがある。オフィシャルサイト http://ariyoshiyoshie.com/

<モデル>**永田詩織**（ながた・しおり）

コンディショニングトレーナー。カラダトトノエラボ Conditioning Natural muscle（http://naturalmuscle.jp/）恵比寿店の店長として、コンディショニングの普及に努める

<モデル>**萩原聖人**（はぎわら・まさと）

コンディショニングトレーナー、NCA認定講師。一般愛好家への指導や指導者育成に携わるほか、青山学院大学陸上部長距離ブロックトレーナーとして、箱根駅伝4連覇に貢献した。

強くなるコアトレ

ランナーのためのコンディショニング

中長距離・マラソン編

2019年6月28日　第1版第1刷発行

著　者　有《あり》吉《よし》与《よ》志《し》恵《え》
発行人　池田哲雄
発行所　株式会社ベースボール・マガジン社
〒103-8482 東京都中央区日本橋浜町2-61-9　TIE浜町ビル
電話 03-5643-3930（販売部）／03-5643-3885（出版部）
振替口座　00180-6-46620
http://www.bbm-japan.com/

印刷・製本　共同印刷株式会社

Printed in Japan
ISBN 978-4-583-11230-5 C 2075